MÜNSTERSCHWARZACHER KLEINSCHRIFTEN

herausgegeben
von Mönchen der Abtei Münsterschwarzach

Band 23

Anselm Grün OSB

Fasten
Beten mit Leib und Seele

VIER-TÜRME-VERLAG MÜNSTERSCHWARZACH
1984

Anselm Grün OSB

Fasten
Beten mit Leib und Seele

VIER-TÜRME-VERLAG MÜNSTERSCHWARZACH
1984

CIP-Kurztitelaufnahme der Deutschen Bibliothek

Grün, Anselm:
Fasten — Beten mit Leib und Seele /
Anselm Grün.-
Münsterschwarzach : Vier-Türme-Verlag, 1984.
  (Münsterschwarzacher Kleinschriften ; Bd.23)
  ISBN 3-87868-185-2
NE: GT

Gesamtherstellung: Vier-Türme-Verlag, D-8711 Münsterschwarzach
© by Vier-Türme-Verlag, Münsterschwarzach
ISSN 0171-6360
ISBN 3-87868-185-2

INHALT

Einleitung

Am 13. März 1983 diskutierten im Rahmen der Fernsehreihe »Der Omnibus« Vertreter verschiedener Religionen über das Fasten. Ich versuchte, das christliche Verständnis des Fastens darzulegen, das Fasten intensiviere das Gebet, es sei ein Beten mit Leib und Seele und steigere die Wachsamkeit und Offenheit gegenüber Gott. Da fragte mich der Leiter der Sendung, Dr. Bauer, ob denn die Kirche eingeschlafen sei, da sie das Fasten mehr oder weniger abgeschafft habe. Die Frage bohrte auch nach der Diskussion weiter in mir. Sie drängte mich dazu, dem Fasten wieder mehr Raum in meinem Leben zu geben und die christliche Tradition nach ihren Erfahrungen mit dem Fasten zu befragen. So kam diese Kleinschrift zustande.

Das Fasten ist in den letzten Jahren von der Medizin und von der Meditationsbewegung neu entdeckt worden. Fastenkuren werden gegen typische Zivilisationskrankheiten mit großem Erfolg eingesetzt, vor allem gegen Rheuma und Arthritis. Meditationskurse werden oft mit Fasten verbunden, um tiefer in die Stille hineinwachsen zu können. Die Friedensbewegung setzt das Fasten als Mittel ein, um gegen die Sinnlosigkeit des Wettrüstens zu protestieren. Doch die Kirche steht bei der Wiederentdeckung des Fastens und seiner Wirkung abseits. Sie hat das Fasten als Ausdruck ihres Glaubens und Betens weitgehend vergessen. Zwei Gründe dürften dafür verantwortlich sein:
1. Der Dualismus von Leib und Seele[1]. Man hat Leib und Seele voneinander getrennt. Das Fasten wurde zu einer rein geistigen Haltung. Man be-

tonte den Geist des Fastens und verstand darunter die innere Freiheit gegenüber den Dingen dieser Welt, geistige Umkehr und Erneuerung. Man schaute fast verächtlich auf das rein körperliche Fasten herab und merkte dabei gar nicht, daß mit dem körperlichen Fasten auch der Geist des Fastens verschwand, ja daß die Spiritualisierung des Fastens zu einer neuen Materialisierung geführt hat. Das Fasten wurde wirtschaftlich vereinnahmt. Es schlug sich in jährlich steigenden Spendenergebnissen der bischöflichen Hilfswerke nieder.

2. Der Legalismus. Die Kirche hatte sich vor dem Konzil mit einer Reihe von Fastengeboten begnügt, ohne den Sinn und das Ziel des Fastens verständlich zu machen. Die Fülle von Geboten zog eine ebenso große Fülle von Dispensen nach sich. Doch das Verständnis für den Wert des Fastens ging dabei verloren.

Die Erfahrungen der frühen Kirche mit dem Fasten sollen helfen, das Fasten als Ausdruck unseres Glaubens und als eine Weise des Betens, als Beten mit Leib und Seele neu zu verstehen. Die Texte der Kirchenväter und der monastischen Autoren möchten zu einer Fastenpraxis gerade im Raum der Kirche einladen, aus dem es in den letzten Jahren immer mehr ausgezogen ist. Die Gedanken der Kirchenväter und der alten Mönche wollen aufzeigen, daß die Kirche Entscheidendes zu einem vertieften Verständnis und zu einer gesunden Praxis des Fastens beizusteuern hat.

1. Die Fastenpraxis der frühen Kirche

Die Kirche hat das Fasten nicht erfunden, sondern die Praxis des Judentums und die Anschauungen der griechisch-römischen Welt über das Fasten übernommen und weiterentwickelt. Das Judentum kannte nur einen für alle verpflichtenden Fasttag: den Versöhnungstag. Doch es galt als Zeichen der Frömmigkeit, zweimal in der Woche, am Montag und Donnerstag, zu fasten. So hält es auch der Pharisäer im Evangelium (Lk 18,12). In besonderen Anliegen oder in Notzeiten wurden öffentliche Fasttage ausgerufen, um von Gott Hilfe zu erbitten. Die Juden verstanden das Fasten einmal als flehentliche Bitte zu Gott, als Zeichen, daß sie es ernst mit ihrem Beten meinten, dann aber auch als Sühne und Buße. Im Fasten bekennen sie sich vor Gott als Sünder und bitten um Vergebung und Hilfe. Beide Aspekte gehören für die Juden zusammen, da für sie eine Not immer auch Zeichen ihres Ungehorsams Gott gegenüber ist. Im Fasten wollen sie zu Gott zurückkehren.

Die frühe Kirche übernimmt die Übung, zweimal in der Woche zu fasten. Doch sie setzt sich bewußt vom Judentum ab, indem sie in Erinnerung an die Gefangennahme und Kreuzigung Jesu den Mittwoch und Freitag zu Fasttagen erklärt. Im Osten und in Spanien fastet man auch am Montag, im Westen häufig auch am Samstag als Vorbereitung auf den Sonntag. Neben dem weniger strengen Wochenfasten wurde schon sehr bald als Vorbereitung auf Ostern gefastet, anfangs wohl nur 1 bis 3 Tage, dann die ganze Karwoche und schließlich ab Ende des 3. Jahrhunderts 40 Tage lang. Während man jedoch an den beiden Tagen vor Ostern eine völlige Enthaltung von Speisen verlangte, fastete man am Mittwoch und Freitag und in der Fastenzeit entweder bis zur 9. Stunde (15.00 Uhr) oder, wie Benedikt es in seiner Regel vorschreibt, bis zum Abend. Die Mönche verschärften für sich die Fastenpraxis der Großkirche. Viele aßen nur jeden zweiten Tag, andere fasteten vor allem in der Fastenzeit 5 Tage lang und aßen nur am Samstag und Sonntag. Außerdem legten sie sich auch Beschränkungen in der Auswahl der Speisen auf. Sie verzichteten auf Fleisch, Eier, Milch und Käse und enthielten sich des Weines. Ihre üblichen Fastenspeisen waren Brot, Salz und Wasser, dazu noch Hülsenfrüchte, Kräuter, Gemüse, getrocknete Beeren sowie Datteln und Feigen. »Dabei zogen die Heroen der Mönchsaskese rohe Kräuter und Gemüse den gekochten vor. Ein gekochtes Gemüsegericht hatte schon den Charakter einer Festtagsspeise.«[2]

Die Großkirche verbot in der Fastenzeit den Fleisch- und Weingenuß. Es gab jedoch einige Richtungen innerhalb der Kirche, die generelle Fleisch- und Weinabstinenz forderten, so die Manichäer, Apotaktiten, Montanisten. Gegen solche dualistischen Tendenzen wehrte sich die Kirche, indem sie darauf hinwies, daß Gott alle Tiere und Pflanzen geschaffen und sie dem Menschen zum Verzehr gegeben habe und daß daher alles gut sei. Die Kirche widersetzte sich einer Ideologisierung des Fastens und der Speiseverbote und kämpfte für die Freiheit, die Christus uns vom Gesetz und von jedem Gesetzesdenken gebracht hat.

Die Auseinandersetzung mit der Fastenpraxis des Judentums und einiger Strömungen in der griechischen Welt ist auch noch im NT zu spüren. In der Bergpredigt wird vorausgesetzt, daß die Christen fasten. Aber sie sollen sich darin von den Pharisäern unterscheiden, die ihr Antlitz verstellen, damit die Menschen sehen, daß sie fasten. Die Jünger sollen im Verborgenen fasten, nicht vor den Menschen, sondern vor dem Vater, und sie sollen es mit frohem Gesicht tun (Mt 6,16-18). Von Jesus selbst wird erzählt, daß er 40 Tage lang in der Wüste gefastet habe. Aber gegenüber den Pharisäern macht er nicht den Eindruck eines Fasters. Im Gegenteil, er ißt und trinkt mit den Menschen, teilt ihre Freude, so daß man ihn sogar einen Fresser und Weinsäufer nennt (Lk 7,34). Auch seine Jünger müssen sich den Vorwurf gefallen lassen, warum sie nicht fasten wie die Pharisäer und die Jünger des Johannes. Und Jesus gibt zur Antwort: »Können denn die Freunde des Bräutigams trauern, solange der Bräutigam bei ihnen ist? Es werden aber Tage kommen, da ihnen der Bräutigam genommen ist, dann werden sie fasten.« (Mt 9,15f) Für Jesus ist das Fasten offensichtlich ein Zeichen der Trauer. Doch die Trauer hat für seine Jünger keinen Platz, da in ihm selbst die Zeit des Heils und damit der Freude angebrochen ist. Jetzt gilt es, sich von Gott beschenken zu lassen. In dieser Stelle spürt man die Auseinandersetzung der frühen Kirche mit der Praxis der Juden. Einerseits ist das Fasten durch das Kommen Jesu als des Messias überwunden, auf der andern Seite aber ist das Kommen noch nicht endgültig. Es gibt weiter Sünde und Tod. Und erst wenn sie endgültig vernichtet sind, hat auch das Fasten seinen Sinn verloren. Jetzt aber fasten die Jünger, weil sie auf den Herrn warten. So erhält ihr Fasten einen neuen Sinn. Es ist nicht mehr so sehr Trauer und Buße, als ein Fasten in Erwartung des kommenden Herrn. Es hat eschatologische Bedeutung. Im

Fasten bekennen die Christen, daß das Heil noch nicht so da ist, daß sie ganz davon durchdrungen sind. Sie strecken sich im Fasten nach diesem Heil aus, damit sie immer mehr von der Freude erfüllt werden, die Christi Kommen für sie bedeutet, die Freude, daß der Bräutigam mit ihnen Hochzeit feiert.

Die Apostelgeschichte berichtet uns, daß die Gemeinschaft vor der Aussendung des Paulus und Barnabas fastete. Das Fasten war Vorbereitung für die Handauflegung und für die Beauftragung zum Verkündigungsdienst (Apg 14,1-3). Die Didache, der erste christliche Text außerhalb der Heiligen Schrift, fordert das Fasten als Vorbereitung auf die Taufe:

Der Taufende und der Täufling und andere Personen, denen es möglich ist, sollen vor der Taufe fasten. Befiehl wenigstens dem Täufling, daß er einen oder zwei Tage faste.[3]

Im Fasten stimmt man sich auf das ein, was Gott an einem in der Taufe tun will. Fasten war für die Urkirche keine Privatsache, sondern stand im Zusammenhang mit der Liturgie und wurde gewöhnlich gemeinsam praktiziert. Die gemeinsamen Fasttage nannte man Stationen. Statio meint eigentlich »Wachtposten«[4]. Für die Christen waren die Fasttage Tage, an denen man wacher als sonst auf Gott hin lebte, an denen man sich als Abschluß des Fastens zum gemeinsamen Gebet oder zur Eucharistie versammelte. Das Fasten verband die Christen zu einer Gemeinschaft. Es war nicht ein privates asketisches Werk, sondern eine Form gemeinsamen Betens und Wachens.

Die Christen der Urkirche fasteten nicht, weil sie sich von Jesus besonders dazu aufgefordert wußten. Im Gegenteil, Jesus steht dem Fasten eher kritisch gegenüber. Die Christen fasteten, weil das in ihrer Umwelt als ein Zeichen für frommes und gottgefälliges Leben galt. Die Christen fanden das Fasten als fromme Übung vor und fügten es in ihre Glaubenspraxis ein. Dabei teilten sie großenteils die Anschauungen der Antike, die Anschauungen der griechischen Philosophenschulen, der Volksmedizin und der verschiedenen Mysterienkulte. Wenn wir nun das christliche Verständnis vom Fasten darlegen wollen, so läßt sich dabei das spezifisch christliche Element nicht chemisch rein von den andern heidnischen oder humanen Elementen trennen. Das ist auch nicht so wichtig. Die Christen reihen sich mit ihrer Praxis ein in die Erfahrungen, die die Menschen vor ihnen und mit ihnen damit gemacht haben. Und offensichtlich waren diese Erfahrungen so positiv, daß sich die Praxis der frühen Kirche herausbilden konnte.

2. Fasten als Heilmittel für Leib und Seele

Eine erste Erwartung, die man an das Fasten stellte, war die heilende Wirkung auf Leib und Seele. Das Fasten soll den Menschen zunächst einmal vor dämonischen Einflüssen schützen. Der Grund für diese Anschauung liegt im Verständnis der Nahrungsaufnahme bei den primitiven Völkern. Man hat Angst, mit der Nahrung dämonische Kräfte in sich einzulassen. In der Antike hat man ganz bestimmten Speisen besonderen dämonischen Einfluß zugeschrieben. So meinen die Pythagoreer, daß man im Fleisch eines getöteten Tieres dessen dämonische Seele in sich aufnehme. Daher verbieten sie den Fleischgenuß. Andere Richtungen sehen nur in bestimmten Tieren die Dämonen am Werk. So glauben die Magier, daß im Ziegenfleisch ein Krankheitsdämon sitze, der Epilepsie hervorrufe. Und sie verbieten das Schweinefleisch, weil es Hautkrankheiten verursache und die Geschlechtslust erhöhe[5]. Die Dämonen können jedoch auch in Pflanzen wirksam sein. So verbieten die Pythagoreer den Genuß von Bohnen, weil dort die Seelen der Verstorbenen wohnen und in uns unruhige und quälende Träume verursachen.

Ein Grund für viele Fastenvorschriften ist daher der Schutz vor dämonischer Infizierung. Weil man nicht krank werden will, enthält man sich der Speisen, die einen Krankheitsdämon in sich tragen. Weil man nicht von bösen Dämonen beherrscht werden will, meidet man die Nahrung, die vom Dämon infiziert ist. Ein weiterer Grund für das Fasten ist in der Antike die stärkende Wirkung. Diese Anschauung findet man vor allem in der Volksmedizin, aber auch in den Zauberritualen verschiedener religiöser Richtungen. Vom Fasten erwartet man Heilung vor allem bei entzündlichen Krankheiten, bei Rheuma und Katarrh, das Fasten soll auch gegen Alpträume gut sein. Sowohl die Volksmedizin wie die Zauberrituale versprechen sich eine größere Wirkung von Medikamenten und Zaubermitteln, wenn man vor ihrer Einnahme eine Zeit lang fastet. Und das Fasten stärkt auch die Kraft des Zauberers. Die Wunderwirkung berühmter Zauberer wird in zahlreichen Sagen mit ihrem enthaltsamen Leben in Zusammenhang gebracht[6].

Die griechischen Philosophenschulen erwarten sich vom Fasten aber nicht nur Schutz vor Krankheit und dämonischen Einflüssen, sondern eine Reinigung des Geistes, innere Zufriedenheit, Freiheit und Glück. Sie sehen es im Zusammenhang mit ihrem Lebensziel. Das Ziel der Kyniker z.B. war die Selbstgenügsamkeit (egkrateia), die Fähigkeit, auf alle nicht zur Existenz notwendigen Bedürfnisse zu verzichten. Der Weg zu diesem Ziel war für sie das Fasten. Für die Stoa war das höchste Ziel die eudaimonia, das Glück, das in der inneren Freiheit bestand, in einem vernunftgemäßen Leben, das nicht durch Emotionen und durch irrationale Motivationen getrübt ist. Auch in der Stoa nimmt die Nahrungsaskese einen breiten Raum ein. Sie ist das Training in die innere Freiheit, in ein vernunftgemäßes Leben, in die »Überwindung aller Affekte, die einem vernunftgemäßen Verhalten hindernd im Wege stehen«[7]. Eine einfache Lebensweise verlangt auch das »epikuräische Ideal der ungestörten individuellen Seelenruhe«. Es geht also bei den antiken Philosophenschulen immer um den ganzen Menschen, um die Erreichung seines endgültigen Zieles. Das Fasten ist auf dem Weg zu diesem Ziel ein wichtiges und erprobtes Mittel. Es heilt den Menschen an Leib und Seele, es führt ihn in die innere Freiheit, es ist ein Weg zur Selbstverwirklichung, zum inneren Glück.

In der Tradition der antiken Philosophenschulen betonen auch die Kirchenväter in ihren Schriften die positiven Wirkungen des Fastens auf Leib und Seele. Johannes Chrysostomus spricht in einer Predigt einmal von der Arznei des Fastens, das »unser menschenfreundlicher Herrscher als liebevoller Vater«[8] ersonnen hat. Weil der Mensch von Natur aus sich gerne der Lust hingibt und sein Maß nicht einhält, darum muß er immer wieder fasten, um sich innerlich frei zu machen von übertriebenen Sorgen um die Dinge dieser Welt und um sich mehr geistlichen Dingen widmen zu können.

Cassian meint, daß die Menge der Speisen das Herz abstumpft und »wenn der Geist zugleich mit dem Leibe gleichsam fett wird, den schädlichen Zündstoff der Sünde«[9] entfacht. Für die alten Mönche besteht offensichtlich ein enger Zusammenhang zwischen der Seele und dem Leib. Wenn der Leib fett wird, wird auch die Seele fett und stumpf. Das viele Essen mindert die geistige Wachheit des Menschen. Leibliche und seelische Gesundheit bilden eine Einheit. Diese Erkenntnis der heutigen Psychologie finden wir in den Schriften der frühen Mönche und Kirchenväter immer wieder. So schreibt Athanasius:

Siehe da, was das Fasten wirkt! Es heilt die Krankheiten, trocknet die überschüssigen Säfte im Körper aus, vertreibt die bösen Geister, verscheucht verkehrte Gedanken, gibt dem Geist größere Klarheit, macht das Herz rein, heiligt den Leib und führt schließlich den

Menschen vor den Thron Gottes. ... Eine große Kraft ist das Fasten und verschafft große Erfolge.[10]

Die Heilung der Krankheiten hängt hier anscheinend mit dem Austrocknen überschüssiger Körpersäfte zusammen. Was auf den ersten Blick als primitive Volksmedizin erscheint, enthüllt uns bei einem Vergleich mit den Erkenntnissen heutiger Fastenmedizin erst ihre eigentliche Bedeutung. Dr. Buchinger, der nach dem 1. Weltkrieg in Deutschland die heilsame Wirkung des Fastens entdeckt und in zahlreichen Kuren das Heilfasten mit großem Erfolg durchgeführt hat, schreibt:

Das Heilfasten ist im wesentlichen eine Ausscheidungskur, eine Reinigungskur der gesamten Körpergewebe und -säfte. Der gesamten! Der Satz des alten Galen hat wörtlich recht: »Abstinentia totum corpus aequaliter purgat.«[11]

Und er erklärt die körperlichen Vorgänge beim Fasten so:

Der Glykogen-Vorrat der Leber und andre im Blut kreisende, verfügungsbereite Nahrungsstoffe werden erst abgebaut und der Körperhaushalt etwa drei Tage lang notdürftig davon bestritten. Alle Stoffwechselvorgänge werden auf größte Sparsamkeit eingestellt. Nun kommt die »Autarkie«, das wirtschaftliche Kreisen in sich selbst. Der Körper wird vor die Notwendigkeit gestellt, zur Aufrechterhaltung seines Stickstoffgleichgewichtes irgendwelche Eiweißdepots angreifen zu müssen. Auf Grund reicher Erfahrung dürfen wir annehmen, daß zu diesem Zweck in erster Linie Gebilde zerstört und Stoffe abgebaut werden, die im Zellenstaat eine störende, kränkelnde Rolle spielen, also etwa pathologische Ausschwitzungen, alte Schwarten, Ablagerungen, Fremdstoffe, Eitriges, Schwaches, irgendwie Belastendes usw.[12]

Im Fasten werden also schädliche Stoffe ausgeschieden, der Körper wird entschlackt und somit von manchen Krankheiten befreit. Das Fasten baut die überalterten Zellen ab und regt dadurch die Neubildung von jugendlichen Zellen an.

»Das erklärt uns, warum jedes Fasten eine so ungeheuer regenerierende Wirkung auf den Körper hat.«[13] Am besten schlägt die Fastenkur bei Krankheiten an wie Rheuma, Arthritis, bei Arteriosklerose und bei Hautkrankheiten. Diese Erkenntnisse der heutigen Fastenmedizin waren, wie wir oben sahen, schon in der antiken Volksmedizin bekannt.

Athanasius bleibt jedoch nicht bei rein körperlichen Wirkungen des Fastens stehen. Das Fasten vertreibt böse Geister, verscheucht verkehrte Gedanken und gibt dem Geist größere Klarheit. Das Fasten reinigt Leib und Seele. Hier zeigt sich, daß Athanasius realistisch vom Menschen denkt. Er versteht ihn als Einheit von Leib und Seele. Die Klarheit der Gedanken und die Gesundheit des Leibes hängen für ihn eng zusammen. Wenn ich auf einen gesunden Leib bedacht bin, muß ich mich um gute Gedanken kümmern. Und umgekehrt kann ich nicht erwarten, daß mein Geist klar ist, wenn ich den Körper mit Essen vollstopfe. Athanasius spricht davon, daß das Fasten den Leib heiligt. Der Leib wird durch das Fasten Tempel des hl. Geistes. Er wird durchlässig für den Geist Gottes. Der Mensch gehört dem Herrn, nicht nur der Seele, sondern auch dem Leibe nach. Wir sind unser Leib. Wir haben nicht bloß einen Leib. Und wenn wir uns für Gott öffnen wollen, dann müssen wir mit dem Leib beginnen. Wenn wir dem Herrn gehören wollen, dann muß das auch körperlich spürbar werden. Das Fasten »heiligt den Leib und führt schließlich den Menschen vor den Thron Gottes«. Es stellt uns in die Gegenwart Gottes. Es hält die Wunde offen, die uns auf Gott hin in Bewegung hält, damit wir nicht vorschnell die Befriedigung unserer Sehnsucht anderswo suchen, bei Men-

18

schen oder aber bei den Schönheiten dieser Welt. Das Fasten bewahrt davor, unsere Wunde vorschnell zuzudecken, sie vollzustopfen mit Ersatzbefriedigungen. Es läßt uns unsere tiefste Bestimmung leibhaft spüren, daß wir auf dem Wege zu Gott sind und daß nur Gott unsere innerste Unruhe zu stillen vermag.

Basilius der Große betont in seinen Predigten immer wieder die heilsamen Wirkungen des Fastens auf Leib und Seele. Er erinnert daran, daß die Ärzte den Kranken Fasten verschreiben und daß ein Körper, der sich mit mäßiger und leichter Kost begnügt, eher den Krankheiten entgeht als einer, der sich mit vielen köstlichen Speisen überlädt, die er nicht mehr verdauen kann. Und dann entfaltet er, daß das Fasten ein wirksames Heilmittel gegen die Sünde ist. Man solle froh über dieses Heilmittel gegen die Sünde sein und daher mit frohem Gesicht fasten, anstatt sich wie ein Schauspieler zu verstellen, um bei den andern den Eindruck eines großen Asketen zu erwekken. Denn sonst nützt einem das Fasten nichts.

So spielen auch in diesem Leben die meisten Menschen wie auf einer Bühne ihr Leben lang Theater, indem sie im Herzen anders gestimmt sind, als sie sich vor der Öffentlichkeit geben. Verstelle also dein Antlitz nicht! Wie du bist, so gib dich! Stelle dich nicht mürrisch und finster, um so in den Ruf eines Asketen zu kommen! Eine Wohltat, die man ausposaunt, bringt keinen Nutzen, und ein Fasten, das man offen zur Schau stellt, keinen Gewinn. Was man aus Prahlerei tut, trägt nicht Frucht für das künftige Leben, sondern endet mit dem Lob der Menschen. Eile daher freudig zum Geschenk des Fastens![14]

In einer andern Predigt verherrlicht er das Fasten, weil es Frieden stiftet:

Wenn aber alle Völker den Rat des Fastens annähmen, um ihre Fragen zu regeln, würde nichts mehr verhindern, daß tiefster Friede in der Welt herrsche; die Völker würden nicht mehr gegeneinander aufstehen, und auch die Heere würden einander nicht in Stücke hauen. Es würden an abgelegenen Straßen keine Wegelagerer auf der Lauer liegen, in den Städten gäbe es keine Denunziation mehr und auf der See keine Seeräuber. Unser ganzes Leben wäre nicht in so hohem Grade von Stöhnen und Seufzen erfüllt, wenn das Fasten es regelte. Das Fasten würde alle lehren, die Liebe zum Geld, zu überflüssigen Dingen und, im allgemeinen, die Neigung zu Feindseligkeiten aufzugeben.[15]

Die Idee, daß das Fasten Frieden bewirken kann, finden wir öfter bei den Kirchenvätern. So sagt Petrus Chrysologus einmal:

Das Fasten ist der Friede des Körpers.[16]

Johannes Climacus schreibt dem Fasten ähnliche Wirkungen zu:

Es dämmt den Strom der Rede ein, stillt die Unruhe, schützt den Gehorsam, sänftigt den Schlummer, es heilt die Leiber, befriedigt die Seelen.[17]

Unfriede entsteht aus der Maßlosigkeit, aus dem Beherrschtwerden von Leidenschaften und Trieben. Das Fasten nimmt den Menschen in Zucht, es befreit ihn von der Herrschaft seiner Leidenschaften und schenkt so inneren Frieden. Aber dieser Friede ist nicht etwas rein Geistiges. Es ist auch ein Friede des Körpers, wie Chrysologus sagt. Der Leib kommt zur Ruhe, einmal dadurch, daß er nicht mit übermäßiger Verdauung belastet wird, zum andern durch die Zügelung seiner Triebe. So zeigt sich bei den Kirchenvätern durchgehend ein Verständnis des Fastens, das die Einheit von Leib und Seele voraussetzt. Es geht ihnen nie nur um die Gesundheit des Leibes, und nie nur um die Heilung des Geistes, sondern es geht ihnen um den ganzen Menschen. Wenn der Mensch richtig lebt, wenn er auf seinen Leib und auf seinen Geist richtig hört, dann lebt er auch gesund. Daher ist das Fasten für die Kirchenväter

20

nie nur eine rein äußere Zucht, ein Werk, das man Gott vorweisen kann, sondern es ist eine Übung, bei der der ganze Mensch in die richtige Verfassung kommen soll. Das körperliche Fasten muß begleitet sein von einem geistigen Fasten, oder besser gesagt: das richtig verstandene körperliche Fasten ist immer schon auch geistiges Fasten. Denn in ihm kämpft der Mensch nicht nur mit seinem Leib, sondern auch mit seinen Leidenschaften und Gedanken.

3. Fasten als Kampf mit den Leidenschaften und Lastern

Das Verständnis des Fastens als Kampf gegen die Laster finden wir vor allem im alten Mönchtum. Die Mönche setzen das Fasten als bewährtes Mittel im Ringen um die Reinheit des Herzens ein, die ihr eigentliches Ziel ist. Sie wollen für Gott offen werden, sie wollen erreichen, daß sie beständig in der Gegenwart Gottes leben und in ihren Gedanken und Gefühlen immer bei Gott und in Gott sind. Reinheit des Herzens bedeutet für sie, in ihrem Herzen zur Ruhe zu kommen, weil das Herz ganz auf Gott gerichtet und von seinem Geist durchdrungen ist. Um dieses Ziel zu erreichen, setzen die Mönche verschiedene Mittel ein: Gebet und Meditation, Schweigen, Handarbeit, Bruderliebe und eben auch das Fasten. Alle diese Mittel gehören zusammen. Wenn wir daher nun über das Fasten sprechen, ist der Zusammenhang mit dem Beten, mit der Handarbeit und der Bruderliebe immer im Auge zu behalten.

Mit dem Fasten eröffnet der Mönch den Kampf gegen die Laster, gegen die Feinde der Seele, die ihn davon abhalten wollen, sich ganz auf Gott auszurichten. So sagt Johannes Kolobos in einem Väterspruch:

Wenn ein König eine feindliche Stadt einnehmen will, dann bemächtigt er sich zuerst des Wassers und schneidet die Zufuhr ab, und wenn sie am Verhungern sind, unterwerfen sie sich ihm. So ist es auch mit den Begierden des Fleisches. Wenn der Mönch mit Fasten und Hungern gegen sie zu Felde zieht, dann werden die Feinde gegen die Seele kraftlos.[18]

Der Kampf, den die Mönche im Fasten gegen die Feinde eröffnen, beginnt mit der Feindberührung. Im Fasten entdecke ich erst einmal, wer mein Gegner ist. Mit gutem Essen und Trinken kann ich vieles verdrängen. Meine tief im Herzen sitzende Unlust und Leere können gar nicht hochkommen. Im Fasten begegne ich mir selbst, begegne ich den Feinden meiner Seele, dem, was mich innerlich gefangen hält. Als in einer Diskussion über das Fasten in unserem Konvent ein Mitbruder meinte, es sei doch wohl besser, lieber nicht zu fasten und guter Laune zu sein, als zu fasten und für die andern zur Last zu werden, weil man ständig schlecht gelaunt sei, da meinte ein anderer, er halte das für einen Trugschluß. Wenn wir unserer schlechten Laune dadurch aus dem Weg gehen, daß wir gut essen und trinken, dann lernen wir uns nie kennen. Kann ich denn nur gut gelaunt sein, wenn ich esse und trinke? Was ist denn der Grund meines inneren Friedens? Was hält mich eigentlich bei guter Laune? Kann ich mit mir und Gott nur zufrieden sein, wenn meine Bedürfnisse nach Essen und Trinken gestillt sind? Sicher ist es nicht gut, wenn wir uns jeden Genuß versagen und dann für andere ungenießbar werden. Aber darum geht es im Fasten gar nicht. Es geht vielmehr darum, in mir zu entdek-ken, was mich eigentlich hält, wovon ich im Grunde lebe. Gerade wenn ich im Fasten bewußt die vielen Ersatzbefriedigungen aus der Hand lege, die mich oft genug betäuben oder blind ma-chen, erkenne ich meine innerste Wahrheit. Im Fasten nehme ich die Hülle weg, die über meinen brodelnden Gedanken und Gefühlen liegt. So kann alles hochsteigen, was in mir ist, meine un-erfüllten Wünsche und Sehnsüchte, meine Be-gierden, meine Gedanken, die nur um mich krei-sen, um meinen Erfolg, um meinen Besitz, um meine Gesundheit, um meine Bestätigung, und meine Gefühle wie Zorn, Bitterkeit und Traurig-keit. Die durch Aktivitäten oder durch die vielen

Selbsttrostmittel im Essen und Trinken mühsam verdeckten Wunden brechen auf. Alles Verdrängte wird offen gelegt. Das Fasten deckt mir auf, wer ich bin. Es zeigt mir meine Gefährdungen und gibt mir an, wo ich mit dem Kampf ansetzen muß.

Diese Erfahrung der alten Mönche bestätigt auch das NT in der Versuchungsgeschichte Jesu. Als Jesus 40 Tage in der Wüste gefastet hatte, da trat der Versucher an ihn heran, da wird Jesus mit der eigentlichen Gefährdung seiner Sendung, seines Menschseins konfrontiert, mit der Möglichkeit des Scheiterns und des Sich-verweigerns Gott gegenüber. Die Versuchungsgeschichte beschreibt letztlich unser aller Gefährdung. Und im Kampf Jesu mit dem Satan zeigt sie auch uns einen Weg auf, mit der Versuchung umzugehen, die gerade in der Wüste und beim Fasten uns angreift. In der Wüste stellt uns Gott auf die Probe, um zu erfahren, wie wir im Herzen denken (Dt 8,2). Es sind drei Versuchungn, die Jesus zu bestehen hat. Die erste Versuchung besteht darin, daß er seine Gottessohnschaft dazu mißbraucht, seine Bedürfnisse zu erfüllen, es sich mit Essen und Trinken gut gehen zu lassen. Jesus überwindet diese Versuchung, weil ihm das Wort Gottes wichtiger ist und ihn mehr nährt als Essen und Trinken. Die zweite Versuchung besteht in der Sucht nach Geltung und Ansehen. Die göttliche Kraft soll mißbraucht werden, um sich selbst in den Mittelpunkt zu stellen und sich von den Menschen bewundern zu lassen. Jesus weist auch diese Versuchung zurück. Er steht im Auftrag Gottes und will Gott nicht für sich ausnützen. Die 3. Versuchung betrifft die Macht und die Habsucht. Der Satan würde Jesus alle Reiche der Erde zum Besitz und zur Herrschaft geben, wenn er ihn anbetet. Jesus überwindet die Versuchung, indem er sich nicht vor dem Götzen der Macht und des Geldes neigt, sondern Gott als seinen Herrn anbetet. Nun wird der Berg der Versuchung zum Berg des Paradieses. Engel kommen und dienen ihm.

Die Versuchungsgeschichte zeigt, wie wir unser Menschsein verfehlen können. Dabei ist es gerade das Fasten, das uns unsere Gefährdungen vor Augen hält. Jesus fastet in der Wüste. Fasten und Wüste gehören zusammen. Beide konfrontieren uns mit der eigenen Nacktheit. Sie nehmen uns die Hülle weg, hinter der sich unsere eigentlichen Wünsche und Gedanken verbergen. In der Wüste haben wir keinen Schutz, hinter dem wir uns verstecken können. Und das Fasten macht uns in dieser Schutzlosigkeit noch verwundbarer. Wir haben nichts mehr, womit wir die hochsteigende Leere zustopfen und die sich zu Wort meldenden Begierden und Bedürfnisse verdrängen können. Schonungslos werden wir mit den Kräften konfrontiert, die um die Herrschaft in uns kämpfen. Es geht letztlich darum, ob wir Gott oder dem Satan die Herrschaft in uns einräumen.

Die dreifache Versuchung Jesu wird von den Mönchen im Rahmen ihrer 8-Lasterlehre gesehen. Im Fasten kämpfen sie vor allem gegen die 3 ersten Laster, gegen Völlerei, Unzucht und Habgier. Es sind 3 Triebe im Menschen, die durch das Fasten in die rechte Ordnung gebracht werden sollen. Die Völlerei schadet nicht nur dem Leib, sondern stumpft auch den Geist ab. Das viele Essen nimmt uns die Spannkraft, es macht uns auch geistig satt und träge. Cassian gibt den Ratschlag, die Völlerei nicht bloß durch Fasten zu bekämpfen, sondern gleichzeitig mit geistiger Lesung und Beten, damit der Geist sich göttlichen Dingen zuwendet und an ihnen mehr Geschmack findet als an Essen und Trinken. Der Mensch lebt nicht nur vom Brot allein, sondern auch vom Wort Gottes.[19]

Völlerei und Unzucht hängen für die Alten eng zusammen. Man war mit Aristoteles der Meinung, daß sich die überflüssige Speise in Samen verwandle und der Überfluß an Samen die sexuelle Begehrlichkeit steigere.[20] Mag diese Anschauung auch falsch sein, so entspricht sie doch der Erfahrung der Mönche, daß das üppige Essen und Trinken - vor allem der Alkoholgenuß - die Sexualität anstacheln. Die Mönche glauben, mit ihrer Sexualität würden sie nur zurechtkommen, wenn sie im Essen und Trinken maßvoll seien. So heißt es in einem Väterspruch:

Abba Moses sagte: »Eines Tages plagte mich die Unzucht, als ich jung war. Ich drang tiefer in die Wüste ein und blieb dort 42 Tage, ohne Brot zu essen und ohne Wasser zu trinken, ohne mich zum Schlaf hinzulegen. Ich betete zum Herrn und der Herr befreite mich von dieser Versuchung. Und in der Folge haben sie mich nie mehr heimgesucht, mein ganzes Leben lang.[21]

Freilich muß man sich vor der irrigen Vorstellung hüten, als könne man seine Sexualität allein durch Fasten zügeln. Dann wäre man in Gefahr, durch eine übertriebene Askese mit seiner Sexualität auch seine Lebendigkeit einzubüßen. Das Fasten darf nicht zu einer Lebensverneinung führen und vor allem darf man nicht aus Angst vor seinen Triebregungen im Fasten gegen sich selbst kämpfen. Angst ist immer ein schlechter Ratgeber, gerade auch für den Umgang mit seinen Trieben. Es geht vielmehr darum, durch eine gesunde Askese das Gute in uns hervorzulocken und die Triebe zu verwandeln, damit die Kraft, die in ihnen steckt, uns weiterhin zur Verfügung steht. Es

26

geht um eine Zähmung der Triebe, aber um eine sanfte Zähmung, nicht um ein gewaltsames Brechen. Das Fasten will den Trieben das Übermaß und das Ungeordnete nehmen. Nicht die Angst vor dem Essen oder der Sexualität läßt uns fasten, sondern die Hoffnung, daß wir mit unsern Trieben frei umgehen können und nicht die Triebe mit uns.[22]

Die Frage, wie wir im Fasten mit unseren Trieben umgehen sollen, wird von den Mönchen unter dem Thema Demut und Stolz behandelt. Wenn das Fasten uns stolz macht, dann ist das immer ein Zeichen, daß wir sehr hart mit unsern Trieben umgehen. Wir glauben dann, die Triebe aus eigener Kraft beherrschen zu können. Wir wollen das »Tier« in uns unterdrücken, seine Kraft brechen und dadurch vor den andern besser dastehen. Der Blick auf die andern stachelt uns dabei zu diesem harten Vorgehen, zu strengen Fastenleistungen an. Wir halten lange aus zu fasten, weil uns die Anerkennung der Menschen die Beschwerden vergessen läßt. Wir nähren uns vom Lob der Menge. Ein Väterspruch spricht davon: Man erzählte: In einem Dorfe lebte einer, der viel fastete, so daß er davon den Namen »Faster« hatte. Altvater Zenon hörte von ihm und beschied ihn zu sich. Er kam mit Freuden. Sie verrichteten ein Gebet und setzten sich nieder. Der Greis begann zu arbeiten, jedoch unter Schweigen. Da er keine Gelegenheit zum Reden erhielt, wurde es dem Faster aus Überdruß beschwerlich. Und er sagte zum Altvater: »Bete für mich, ich will weggehen.« Da sprach der Greis zu ihm: »Warum?« Er antwortete: »Das Herz ist mir wie brennend, und ich weiß nicht, was es hat. Als ich im Dorf war, fastete ich bis zum Abend, aber niemals ist mir so zumute gewesen.« Da sprach der Greis zu ihm: »Im Dorf hattest du deinen Ohrenschmaus. Aber geh weg und speise von jetzt an zur neunten Stunde. Und wenn du etwas tust, dann tu es im Verborgenen!« Als er damit begann, wurde es ihm beschwerlich, bis zur neunten Stunde zu warten, so daß die Leute, die ihn kannten, sagten: »Der Faster ist vom Dämon besessen.« Da ging er wieder zu dem Altvater und erzählte ihm alles. Der jedoch sagte zu ihm: »Dieser Weg ist gottgemäß!«[23]

Wer fastet, um damit die Anerkennung der Menschen zu erreichen, erfährt nicht die positiven Wirkungen des Fastens. Das Fasten verwandelt ihn nicht, es macht ihn nicht freier und durchlässiger für Gott. Die Unterdrückung des »Tieres« in ihm läßt ihn nicht menschlicher werden. Im Gegenteil, er wird nun trotz der Beherrschung seiner Triebe selbst zum Tier, das die Brüder verschlingt, indem er sie herabsetzt, über sie richtet und sie verleumdet. Die Triebe sind nicht gezähmt, sondern nur unterdrückt und verlagern sich, ohne daß er es merkt, auf die Ebene der Beziehung zu den Menschen. Ein Test, ob ich richtig faste, ist daher der Umgang mit den andern, vor allem das Reden über andere. Wenn ich schlecht vom andern rede, habe ich nichts vom Sinn des Fastens verstanden. Dann wäre es besser, das Fasten zu lassen:

Besser ist es, Fleisch zu essen und Wein zu trinken, als in verleumderischen Reden das Fleisch der Brüder zu essen.[24]

Ebenso eng gehört zum Fasten die Enthaltsamkeit von schlechten Gedanken. So heißt es in einem Väterspruch:

»Mein Kind, was tust du, wenn du fastest?« Der Bruder antwortete: »Morgens flechte ich Palmzweige und während ich arbeite, meditiere ich Psalmen. Wenn ich einen Korb fertig habe, bete ich und mittags schlafe ich ein wenig. Dann stehe ich auf, gehe aus der Zelle und arbeite wieder, bis ich 3 Körbe geflochten habe. Am Abend bete ich und nachdem ich 100 Verbeugungen gemacht habe, erhebe ich mich für das Officium. Am folgenden Tage koche ich zur 9. Stunde und esse mich satt.« Der Alte sagte ihm: »Das ist kein Fasten, mein Kind. Denn wenn du dich der Nahrung enthältst und du sagst etwas Schlechtes von jemandem, und du verurteilst, du bist rachsüchtig einem andern gegenüber, oder du läßt schlechte Gedanken in dich ein, oder du sehnst dich im Geist danach, etwas derartiges zu tun, so wäre es viel besser, wenn du den Tag mit Essen zubringst und alles das meidest, als dich nüchtern damit zu sättigen. Welchen Nutzen hat es denn, sich der Speise zu enthalten und all den andern Begierden nachzugehen. Weißt du nicht, daß jeder, der seine Wünsche in Gedanken befriedigt, trinkt und ißt ohne äußere Nahrung? Doch wenn du die Enthaltsamkeit und das Fasten praktizieren willst, so wie es Gott gefällt, hüte dich vor jedem schlechten Wort, vor jeder üblen Nachrede, vor jeder Verurteilung und öffne dein Ohr nicht schlechten Reden. Reinige dein Herz von aller Befleckung des Fleisches und des Geistes (2 Kor 7,1), von jedem Groll und allem Neid.[25]

Das körperliche Fasten muß mit dem geistigen verbunden sein, d.h. mit der Enthaltung von schlechten Gedanken. Doch die Gedanken kann man sich offensichtlich nicht so einfach verbieten wie Speisen. Sie werden immer wieder auftauchen. Die Mönche meinen mit dem geistigen Fasten einen Kampf gegen die schlechten Gedanken. In diesem Kampf setzt der Mönch die bewährten Mittel seiner Askese ein: Schweigen, Handarbeit, Gebet und Meditation. Doch zu diesem Kampf gehört ebenso auch das körperliche Fasten, ohne das ein geistiges Fasten unmöglich ist.

Ein Alter sagte: »Wer sich den Bauch mit Speise und Trank füllt, vernachlässigt das Gebet und kann keinen Krieg gegen seine Gedanken führen. Der Hunger und das Wachen reinigen das Herz von schlechten Gedanken und den Körper von den Angriffen des Feindes, um daraus die Wohnung des Heiligen Geistes zu machen.«[26]

Das körperliche Fasten ist also die Bedingung, daß ich auch geistig faste, daß ich den Kampf gegen die schlechten Gedanken gewinne. Indem ich körperlich faste, beeinflusse ich zugleich auch meinen Geist und kann ihn zu größerer Wachheit führen.

Wenn jemand fastet und dabei stolz wird, hat er das Wesen des Fastens nicht verstanden. Das echte Fasten macht den Menschen immer demütig. So sagt Abba Longinus:
Das Fasten demütigt den Körper und das Wachen reinigt den Geist.[27]
Und in einem andern Väterspruch heißt es:
Der Bruder sprach: »Was wird aus den Fasten und Nachtwachen, die der Mönch leistet?« Der Greis antwortete ihm: »Sie machen die Seele demütig.«[28]
Und Abba Poimen sagt:
Die Seele ist absolut nicht demütig, wenn sie nicht mit Brot rationiert wird.[29]
Wer das Fasten in der rechten Weise übt, der wird also demütig. Wie ist das zu verstehen? Zunächst konfrontiert uns das Fasten mit uns selbst, mit all unsern Wünschen und Bedürfnissen, mit unseren Gedanken und Gefühlen, mit unseren Schattenseiten. Die Erkenntnis des eigenen Schattens macht schon ein Stück demütiger. Das Fasten führt uns darüber hinaus an die eigene Grenze. Es zeigt uns sehr deutlich auf, daß wir Menschen sind mit Leib und Seele, daß wir uns über unsern Leib nicht erheben können. Das Fasten erinnert uns daran, daß wir unsern Leib nicht abwerfen und mit ihm auch nicht beliebig verfahren können. Wir müssen ihn akzeptieren, gerade auch in seiner Bedürftigkeit. Wir müssen ihm sein Recht lassen. Im Fasten werden wir mit dem eigenen Mangel konfrontiert. Wir sind uns selbst nicht genug, wir ruhen nicht in uns. Wer hungrig vor Gott sitzt, der spürt seine Sehnsucht

nach Erfüllung. Er fühlt mit seinem Leib, daß er auf die Erfüllung von außen angewiesen ist und er erfährt hautnah, daß er Materie ist und den Gesetzen der Materie unterworfen. Der Leib fordert sein Recht. Der Geist kann ihn nicht wie einen Sklaven behandeln. Er muß auf ihn hören und Rücksicht auf ihn nehmen. Diese Erfahrung macht uns demütig. Im Fasten spüren wir unsere Leiblichkeit, unsere Hinfälligkeit, unsere Abhängigkeit von den Gesetzen der Materie und sollen uns damit aussöhnen. Das Fasten ist kein Wüten gegen den Leib und seine Gesetze, kein verzweifelter Versuch unseres Geistes, sich über den Leib zu erheben. Es ist vielmehr ein Weg, immer mehr an die eigene Wahrheit heranzukommen, ein Weg, auf dem wir gut mit uns umgehen müssen, auf dem wir den guten Kern in uns von den Fesseln befreien, die sich um ihn geschlungen haben. Wir kämpfen im Fasten nicht gegen uns selbst, sondern gegen die Feinde der Seele, die uns davon abhalten wollen, wir selbst zu werden, Söhne Gottes, die nach Gottes Bild geschaffen sind. In diesem Sinn hat schon Augustinus das Fasten verstanden. Er sagt, es gehe im Fasten nicht darum, seinen Leib zu hassen, sondern nur gegen die schlechten Gewohnheiten der Leidenschaften zu kämpfen und so zur Gesundung des Leibes beizutragen:

Denn auch nach der Auferstehung wird es so sein, daß der Leib in höchster Ruhe dem Geiste völlig unterworfen ist und so auf ewig blüht. Darum soll man schon in diesem Leben danach trachten, daß die Gewohnheiten des Fleisches sich verbessern und nicht durch ungeordnete Regungen dem Geiste widerstreiten. Bis dahin gelüstet das Fleisch wider den Geist und der Geist wider das Fleisch. Es widersteht der Geist jedoch dem Fleisch nicht aus Haß, sondern um seiner Oberherrschaft willen, weil er den Gegenstand seiner Liebe (den Leib) dem Bessern untergeordnet wissen will.[30]

Ein gesundes Fasten muß auch mit Nächstenliebe und mit Almosengeben verbunden sein. Die Bruderliebe steht über dem Fasten. Das Fasten muß gebrochen werden, wenn es uns von der Bruderliebe abhalten würde. So sagt Cassian:

Ich und der heilige Germanos kamen einmal nach Ägypten zu einem Altvater. Er erwies uns Gastfreundschaft, und wir fragten ihn: Warum haltet ihr zur Zeit der Aufnahme von Gästen, die Brüder sind, die Regel eures Fastens nicht, wie wir sie in Palästina übernommen haben? Er antwortete: Das Fasten ist allezeit bei mir, euch jedoch kann ich nicht immer bei mir haben. Das Fasten ist eine nützliche und notwendige Sache. Es hängt aber von unserer Entscheidung ab. Die Erfüllung der Liebe aber verlangt mit Notwendigkeit das Gesetz Gottes. In euch nun nehmen wir Christus auf. Darum muß ich mit allem Eifer darauf bedacht sein. Wenn ich euch dann entlasse, kann ich die Regel des Fastens wieder aufnehmen. Es können die Söhne des Brautgemachs nicht fasten, solange der Bräutigam bei ihnen ist, wenn er aber weggenommen ist, dann werden sie mit Recht fasten.[31]

Das Fasten ist also kein Tabu, das nicht übertreten werden darf. Wem das Fasten wichtiger ist als die Bruderliebe, der zeigt, daß ihm seine eigene Vervollkommnung mehr am Herzen liegt als das Gesetz Christi. Für ihn ist das Fasten ein Werk, das er vorweisen kann, mit dem er sich und den andern seinen Wert beweisen kann. Aber dann ist er letztlich ein Sklave seiner eigenen Askese. Kennzeichen einer christlichen Askese ist es, wenn man seine asketischen Übungen auch einmal loslassen kann. Es gibt Wichtigeres, als sich durch Fasten innerlich stark zu machen. In der Bruderliebe geht mein Blick von mir weg, hin auf den Nächsten.

Für die Mönche soll das Fasten der Bruderliebe dienen. Das, was man durch Fasten einspart, soll

man Armen und Bedürftigen geben. So rät Abba
Palladius einem Schüler:

An dem Tag, an dem du fastest, begnüge dich mit Brot,
Wasser und Gemüse und sage Gott Dank. Berechne
die Ausgabe für das Essen, das du am Fasttag einsparst,
und gib den Preis einem armen Bruder aus der Fremde,
einer Witwe oder einem Waisen, damit der, der ihn
empfängt und sich sättigt, für dich betet.[32]

Ähnlich heißt es schon im Hirt des Hermas, einer
der ersten christlichen Schriften, um 150 verfaßt:

An deinem Fasttag sollst du nur Wasser und Brot nehmen. Dann sollst du den Betrag der Auslagen berech-
nen, die du an diesem Tag für deine Ernährung gehabt
hättest, und sollst ihn einer Witwe, einer Waise oder
einem Bedürftigen geben. So sollst du dir selbst etwas
entziehen, damit ein anderer aus deinem Verzicht
Nutzen schöpfe, sich sättige und für dich zum Herrn
bete.[33]

Für die Christen gehört das Almosen wesentlich
zum Fasten. Fasten wird immer zusammen mit
Gebet und Almosen genannt. Fasten, Gebet und
Almosen kennzeichnen ein frommes Leben. Diese Trias finden wir schon im Judentum. In der
Bergpredigt übernimmt sie Jesus, indem er diese
3 Werke eines Frommen von allem gesetzlichen
Denken befreit und sie neu für seine Jünger deu-
tet (Mt 6,1-18). Auch hier gilt, daß das fromme
Werk nur dann wertvoll ist, wenn es nicht vor
den Menschen getan wird, sondern im Verborgenen. »Und dein Vater, der im Verborgenen sieht,
wird dir vergelten.« (Mt 6,4) Almosen, Fasten
und Beten sind auch für Jesus die Weise, wie wir
ihm nachfolgen sollen. Doch sobald diese Werke
der Frömmigkeit vor den Menschen getan werden mit der Absicht, von ihnen gelobt und aner-
kannt zu werden, werden sie wertlos. Denn dann
kommt man in diesen frommen Werken nicht
von sich selbst los. Man verlagert seine Wünsche
nach Macht, Geltung und Anerkennung nur auf

eine andere Ebene. Doch im Grunde erliegt man den Versuchungen, die Jesus in der Wüste fastend bestanden hat. Man benutzt Gott und die Frömmigkeit nur, um seine Geltungssucht und Machtgier zu befriedigen. Damit aber wird die Askese pervertiert. Denn ihr Ziel ist gerade, uns einzuüben in eine Durchlässigkeit für Gott, in die Reinheit des Herzens, in ein waches und authentisches Leben vor dem gegenwärtigen Gott.

4. Fasten und Beten

Das 3. Glied in der Trias der frommen Werke ist für Juden wie Christen das Gebet. Doch das Gebet steht nicht neben dem Fasten und dem Almosengeben, sondern hat eine innere Beziehung dazu. Viele meinen heute, das Beten sei als Zwiegespräch mit Gott ein rein geistiger Akt. Doch die Alten verstanden das Gebet immer schon als Beten mit Leib und Seele. Das zeigt sich einmal in den Gebetsgebärden. Man betete zu Gott nicht bloß im Kopf und mit dem Kopf, sondern mit dem ganzen Leib. Man streckte die Hände aus, öffnete sich im Leib für Gott. Beten war für die Alten gleichbedeutend mit »die Hände zu Gott erheben«. Die Gebärde unterstreicht das Gebet, sie ist oft selbst schon Gebet, ohne daß man noch Worte formulieren müßte. Wer mit offenen Händen vor Gott steht, der betet schon allein durch seine Gebärde.

Diese Einheit von Leib und Seele zeigt sich nun gerade auch in der engen Verbindung von Gebet und Fasten. So wie zum Beten die leibliche Gebärde gehört, so auch das körperliche Fasten. Das Fasten intensiviert das Gebet. Das gilt zunächst einmal für das Bittgebet. Wenn es mir wirklich ernst ist, für jemanden zu beten oder in einem bestimmten Anliegen zu beten, dann kommt das am besten zum Ausdruck, wenn ich fastend bete. Mein Beten bleibt dann nicht bloß im Kopf, es reduziert sich nicht auf ein paar Gedanken oder Worte, sondern umfaßt meine ganze Existenz. Ich flehe mit Leib und Seele zu Gott, ich bekenne mit meinem Fasten, daß ich selbst hier gar nichts ausrichten kann, daß ich allein auf Gottes Hilfe angewiesen bin. Die Verbindung von Fasten und Beten finden wir schon im AT. So heißt es Esra 8,21-23:

Ich ließ ein Fasten ausrufen, um uns vor unserem Gott zu demütigen und bei Ihm eine glückliche Reise zu erbitten für uns, unsere Kinder und alle unsere Habe. Ich schämte mich nämlich, vom König Mannschaften und Reiter zu erbitten zu unserem Schutz gegen Feinde auf der Reise. Wir hatten vielmehr dem König erklärt: »Die Hand unseres Gottes waltet über allen, die sich an Ihn wenden, zu ihrem Besten. Doch trifft Sein mächtiger Zorn alle, die Ihn verlassen.« Wir fasteten also und beteten in dieser Absicht zu unserem Gott. Und Er ließ sich erbitten.

Im Fasten bekennt der fromme Israelit, daß er sich nicht aus eigener Kraft gegen die Feinde verteidigen kann, sondern daß er ganz auf die Hilfe Gottes angewiesen ist. So läßt auch Josaphat ein Fasten ausrufen, als sich die feindlichen Heere nahen. Anstatt auf die Körperkräfte und auf die gute Ausrüstung seiner Soldaten zu vertrauen, nimmt er seine Zuflucht zu Gott. Er mindert seine vitale Kraft durch das Fasten, um seinem Glauben Ausdruck zu verleihen, daß da Gott allein helfen kann:

Wir sind machtlos vor dieser gewaltigen Menge, die gegen uns heranzieht. Wir wissen nicht, was wir tun sollen. Nur auf dich sind unsere Augen gerichtet. (2 Chron 20,12)

Auch als Holophernes mit seinem mächtigen Heer heranrückt, fasten die Israeliten und beten zum Herrn. (Jud 4,13) Und immer wieder berichtet die Heilige Schrift, daß Gott zu Hilfe kommt, wenn die Menschen fastend und betend vor ihn hintreten.

Im NT sagt Jesus, daß die Heilung gewisser Krankheiten nur durch Gebet und Fasten zu erreichen ist. Die Exegeten meinen zwar, daß das Wort Fasten eine spätere Hinzufügung ist (Mk

9,29)[34], aber dann entspringt es zumindest der Erfahrung der Urkirche, daß das Fasten das Gebet unterstützt und wirksamer macht. Und wenn die Didache die Christen aufruft, für ihre Verfolger zu fasten, so zeigt das, daß Fasten und Beten für sie zusammengehören. Wenn ich aus ganzem Herzen beten will, so muß dieses Gebet sich auch leibhaft ausdrücken. Im Fasten bete ich auch mit dem Leib. Das Fasten selbst ist schon Gebet. Es ist der Schrei des Leibes zu Gott.

Die Praxis, für andere zu fasten, finden wir auch bei den alten Mönchen wieder. So forderte ein Abt die Mönche auf, für einen Bruder zu fasten, der in Sünde gefallen war und nun im Sterben lag. Sie begannen also zu fasten unter Tränen und zu Gott zu flehen, daß er barmherzig sei. 3 Tage und 3 Nächte verbrachten sie fastend, ohne etwas zu essen, weinend und über den Verlust den Bruders klagend. Und der Vater des Klosters sah in einer Vision den Erlöser, der sich durch die Mühe der Brüder bewegen ließ.[35] Durch ihr Fasten und Beten retten die Brüder die Seele des gefallenen Bruders. Im Fasten wird man eins mit dem Menschen, für den man fastet. Man wird barmherzig. Im Griechischen heißt barmherzig sein, sich in den Eingeweiden ergreifen lassen. Die Eingeweide sind »der Ort, an dem unsere innersten und stärksten Gefühlsregungen ihren Sitz haben«[36]. Im Fasten stopfe ich die Eingeweide nicht mit Speisen zu, um mich gegenüber den andern abzuschließen und unempfindlich zu machen, sondern ich werde offen und solidarisch, ich lasse die andern in mich hinein, in den verwundbarsten Teil meines Wesens. So befähigt uns das Fasten zu Mitleid und Barmherzigkeit. Das fastende Beten ist nicht ein Beten aus Distanz, sondern aus der Verwundung durch den andern heraus. Im Fasten steige ich in meinen

Abgrund, in meine Ohnmacht, um darin auf den Abgrund des andern zu stoßen und ihn zusammen mit dem eigenen in die Barmherzigkeit Gottes hineinzuhalten.

In unserer Zeit hat vor allem Gandhi die enge Verbindung von Fasten und Beten verkündet und das Fasten für andere vorgelebt. Für Gandhi gibt es »kein Gebet ohne Fasten, wenn man das Fasten im weitesten Sinn auffaßt«[37]. »Meine Religion lehrt mich, daß man in einer Not, die man nicht lindern kann, fasten und beten muß.« (152) Gandhi fastet immer wieder, wenn er spürt, daß seine Worte nichts nützen, daß Verhandlungen und Beschwichtigungen keinen Erfolg haben. Und er erreicht durch sein Fasten oft mehr als durch politische Aktionen. Für ihn war das Fasten eine politische Aktion. Aber zugleich war es Gebet, Bekenntnis, daß Gott allein hier das Herz der Menschen wandeln konnte. Doch das Fasten hatte eben auch eine tiefe psychologische Wirkung auf die Menschen. Sie spürten, daß es Gandhi ernst meinte mit seinem Wunsch nach Frieden. Im Fasten fühlte sich Gandhi solidarisch mit den Menschen, für die er fastete. Oft fastet er gerade für Menschen, die sich verfehlt haben. Durch sein Fasten will er die Atmosphäre reinigen, die durch Schuld verunreinigt worden ist. Und so schafft er eine Voraussetzung für positive Lösungen. Doch diese Wirkung kann das Fasten für Gandhi nur haben, wenn es dem Glauben entspringt und wenn es mit Gebet verbunden ist (149): »Mein Fasten ist eine Sache zwischen Gott und mir.« (152) Gandhi will durch sein Fasten niemanden erpressen oder anklagen, er will im Fasten seine Solidarität mit den Menschen zeigen und ihre Situation vor Gott tragen. Er fastet nicht gegen jemand, sondern immer für andere. Eine tiefe Freundschaft und gegenseitiges Verständnis zwischen dem, der fastet, und dem, für den er fastet, ist für ihn die Voraussetzung für ein wirksames Fasten (172). Gandhi erzielte erstaunliche Erfolge mit seinem Fasten. Aussichtslose Situationen werden zum Wohle aller gelöst, Feinde werden zu Freunden. Gandhis Fasten »brachte den Haß zum Schweigen, gab den Seelen neue Richtung und den Verzweifelnden neuen Mut.« (160)

Das Vorbild Gandhis wird heute gerne nachgeahmt. Man fastet für den Frieden, für das Leben. Erich Fried begründet dieses Fasten für das Leben in einem Gedicht:

Wenn sie schwächer werden
durch ihr Fasten
wollen sie euch stärker machen
in der Mühe
um euer Leben
Wenn sie dem Tode nahe sind
durch ihr Fasten
wollen sie den Tod der euch droht
weiter entfernen helfen.[38]

Und die Initiatoren des Fastens für das Leben nehmen in ihrer Ankündigung Bezug auf Gandhi:

Gandhi und sehr viele andere in der Geschichte haben die bösen Institutionen bekämpft, indem sie ihr Leben im Fasten preisgaben. Wir haben die Absicht, das Gleiche zu tun. Durch das Fasten identifizieren wir uns mit den Millionen, die durch den Rüstungswettlauf zum Fasten verurteilt sind. Wir werden an ihrem Leid teilhaben und somit die Schranken unserer eigenen Herzen und in den Herzen unserer Brüder und Schwestern brechen.

Mit Gandhi sieht die Aktion »Fasten für das Leben« im unbefristeten Fasten das letzte Mittel der Gewaltlosigkeit. Das Ziel ist nicht die Erpressung, sondern die Reinigung der Atmosphäre und das Bekenntnis, daß man es mit dem Leben und mit dem Frieden für die Welt tödlich ernst meint. Die Frage ist, ob das Fasten für das Leben die positive Wirkung haben kann, wenn es nicht wie bei Gandhi letztlich aus dem Glauben heraus kommt, daß Gott allein hier helfen kann. Wir können durch Fasten allein nichts erzwingen. Das hat Gandhi immer wieder betont. Das Fasten muß rein sein, nicht selbstherrlich. Das Fasten, das das Gebet unterstützt, kann in den Menschen etwas in Bewegung bringen, weil es ein Bekenntnis der eigenen Ohnmacht ist, aber zugleich einer tiefen Solidarität mit dem Leid der Menschen und einer großen Hoffnung, daß Gott für uns alle eine Lösung weiß und sie auch verwirklichen kann.

Für die Mönche ist das Fasten jedoch nicht bloß eine Bekräftigung der Bitte an Gott, ein wirksames Mittel, bei den Menschen und bei Gott die Erfüllung seiner Wünsche zu erreichen, sondern es gehört wesentlich auch zum persönlichen Beten. Über diesen Zusammenhang von Gebet und Fasten schreibt der hl. Bernhard:

Ich will euch etwas sagen, was ihr leicht verstehen werdet und oft erlebt habt, wenn ich mich nicht täusche: das Fasten gibt dem Beten Zuversicht und macht es glühend. … Das Gebet erlangt die Kraft zu fasten und das Fasten die Gnade zu beten. Das Fasten stärkt das Beten, das Beten stärkt das Fasten und bringt es vor den Herrn.[39]

Das Fasten stärkt das Beten, weil es den Beter wacher macht. Essen macht satt und schläfrig. Im Fasten wird man wach und offen für das Geistige, offen für Gott, durchlässiger für Gottes Geist. Daher wird auch bei Meditationskursen gerne gefastet, da das Fasten die Meditation unterstützt. Mit vollem Magen kann man nicht gut beten, oder zumindest wird das Beten leicht einen selbstzufriedenen Charakter annehmen. Man verwechselt dann sein leibliches Wohlergehen mit dem Wohlwollen Gottes. Kierkegaard karikiert diese Haltung in seinen Tagebüchern:

Die Liebe des Spießbürgers zu Gott tritt ein, wenn das vegetative Leben in voller Wirksamkeit ist, wenn die Hände behaglich über dem Magen sich falten und von dem in einem weichen Lehnstuhl zurückgelehnten Kopf ein schlaftrunkener Blick zur Decke sich hebt.[40]

Kierkegaard vermißt in dieser spießbürgerlichen Liebe die Gottesfurcht, ohne die wir Gott nicht als Gott lieben können. Das Fasten lehrt uns die Gottesfurcht, es macht uns demütig, wie die Väter lehren. Es erzeugt, wie Gandhi sagt, in uns das »Bewußtsein, daß man sich Gott nicht im hochmütigen Stolz auf die eigene Kraft nähern darf, sondern einzig in der Sanftmut der Schwachen, die sich hingeben« (162). Im Fasten gibt sich der Mensch Gott hin. Demütig hält er sich in seiner Ohnmacht dem Allmächtigen hin und betet ihn an. Fasten ist Anbetung. In der Anbetung will der Mensch nichts mehr für sich, sondern neigt sich vor dem größeren Gott. Im Fasten neigt sich der Mensch mit seinem Leib, den der Hunger auszehrt, vor dem unendlichen Gott, der allein seinen tiefsten Hunger zu stillen vermag. Er schreit mit seinem Leib nach Gott. Er hält die Lücke des Nichts offen, die in ihm als Geschöpf klafft.

Das AT hat den Sündenfall als Essen der verbotenen Frucht beschrieben. Und es meint damit, daß die Menschen »versuchen, in ihrer Angst die Lücke ihres Daseins zu schließen, um so wie Gott zu werden und selbst die (fehlende) Grundlage ihres in sich grundlosen Daseins durch eigene Leistung und Anstrengung zu schaffen«[41]. Drewermann meint in seiner psychologischen

Auslegung der Sündenfallgeschichte, daß der menschliche Essenstrieb, oder allgemein der orale Zug im Menschen, der alles in sich vereinnahmen möchte, letztlich der »Drang des Daseins« ist, »die Lücke des Nichts zu verstopfen« (543). Weil er die eigene Nichtigkeit nicht anerkennen will, muß er alle Welt in sich hineinschlingen. Damit will er werden wie Gott, dem nichts fehlt. Im Fasten erkennt der Mensch seine Geschöpflichkeit an, den Spalt des Nichts, der in seiner Existenz klafft, und betet Gott als seinen Schöpfer an, der allein seinen Mangel an Sein beheben kann als das unendliche und ewige Sein (236f).

Bei den alten Mönchen taucht das Thema Fasten und Beten vor allem im Zusammenhang mit den Nachtwachen auf. Die ganze Nacht zu wachen, das ist für die Mönche eine beliebte Übung, ihre innere Wachheit Gott gegenüber durchzuhalten. Das Fasten schafft die Voraussetzung, daß der Mönch nachts vor Gott wachen kann.

So wie das Licht eine Freude ist für ein gesundes Auge, so ist mäßiges Fasten eine Voraussetzung für das Gebet. Tatsächlich wird man, sobald man begonnen hat zu fasten, unmittelbar im Geiste gedrängt, mit Gott ins Gespräch einzutreten. Ein Körper, der fastet, kann es nicht ertragen, die ganze Nacht auf seinem Lager zu verbringen, denn das Fasten drängt ganz naturgemäß dazu, in Gesellschaft Gottes zu wachen, nicht nur bei Tage, sondern sogar des Nachts. Der Leib eines Menschen, der fastet, hat keine große Mühe, gegen den Schlaf anzukämpfen. So schwach seine Sinne auch sein mögen, wacht doch zumindest das Herz: es ruft nach Gott.[42]

Während die übrigen Menschen schlafen, wollen die Mönche wachen. Wachend erwarten sie das Kommen des Herrn. Der Herr kommt zu dem, der auf ihn wartet. In der Nacht fühlt sich der Mönch Gott am nächsten. Nichts stört ihn, nichts lenkt ihn ab. Die Nacht ist der Ort der tiefsten Gotteserfahrungen. Doch das Wachen bezieht sich nicht nur auf die unmittelbare Begegnung mit Gott, auf das Kommen Gottes in der Gegenwart, sondern es streckt sich aus nach dem endgültigen Kommen des Herrn, nach der Wiederkunft Christi in Herrlichkeit, nach der Vollendung der Welt. Die Auslegung von Mk 9,15 begründet das Fasten mit der Erwartung des Bräutigams: »Es werden Tage kommen, da der Bräutigam ihnen entrissen ist. Dann werden sie fasten.« Christus selbst ist der Bräutigam. Und wie das Gleichnis von den 10 Jungfrauen zeigt, wird er mitten in der Nacht kommen. So gründen Fasten und Nachtwachen auf einer Mystik der Erwartung des Herrn. Das Fasten ist »der an den unsichtbaren Bräutigam gerichtete Ruf, er möge zurückkehren«[43]. Die Mönche meinen, sie könnten durch ihr Fasten und Wachen das Kommen des Herrn schneller herbeiführen. Im Fasten geben sie ihrer Sehnsucht nach dem kommenden Herrn Ausdruck. Und sie halten ihre Sehnsucht wach. Sie strecken sich mit ihrer ganzen Existenz, mit Leib und Seele nach dem Herrn aus, damit er ihre tiefste Sehnsucht erfülle.

Das fastende Beten hat nach den Zeugnissen der Heiligen Schrift und der Mönchsväter noch einen andern Charakter, den Charakter der Buße und Sühne. Im Fasten bekennt sich der Mensch vor Gott als Sünder und zeigt, daß er an seiner Sünde nicht festhalten will, sondern sich wieder neu Gott zuwenden möchte. So beginnen die Israeliten auf Geheiß Samuels ihre Umkehr mit einem Fasten und mit dem Bekenntnis: »Wir haben vor dem Herrn gefehlt« (1 Sam 7,6). Als Elija dem Achab Gottes Strafe verkündet, demütigt sich Achab und fastet. Daraufhin verschont ihn Gott und läßt das Unheil erst über seinen Sohn kommen (1 Kön 21,27ff). Die Bewohner von Ninive reagieren auf die Bußpredigt des Jona mit Fasten und erwirken so Gottes Barmherzigkeit (Jon 3,5). Das Fasten ist für das AT die ehrlichste Form der Buße und Umkehr. Im Fasten bekennt der Mensch, daß er das Maß überschritten hat, daß er vor seinem Schöpfer schuldig geworden ist, daß er die Ordnung Gottes mit seiner Sünde übertreten und gestört hat. Im Bewußtsein seiner Schuld spürt der gläubige Mensch in sich »das Bedürfnis, vital zu bezeugen, daß er vor seinem Schöpfer nichts ist. Selbstverständlich findet dieses Bedürfnis, weil es vital ist, seinen Ausdruck in dem, was die Erhaltung und Steigerung des Lebens gewährleistet, also im Bereich der Nahrung.«[44] Im Fasten spürt der Mensch leiblich, daß er in seiner Schuld die Harmonie zwischen sich und Gott zerstört hat. Er ist nicht mehr Herr seiner selbst. Er wird innerlich unzufrieden, in sich selbst zerrissen. Das Fasten bringt ihn wieder in Ordnung, es stellt die Harmonie zwischen Leib und Seele wieder her und ermöglicht so dem durch die Sünde friedlos gewordenen den Frieden. So sagt Aphraates in einer Predigt:

Unser Herr Jesus Christus gebot uns, daß wir fasten sollen und wachen allezeit, daß wir durch die Kraft des reinen Fastens kommen zu seinem Frieden.[45]

Sühne meint, daß ich die Folgen meiner Sünde ausleide und zwar bewußt. Im Fasten verdecken wir das Leiden an unserer gestörten Existenz nicht, sondern halten es körperlich spürbar aus. In der Sühne söhnen wir uns aus mit der durch die Sünde verursachten Zerrissenheit und finden so wieder zu unserer Ganzheit, zum Frieden mit uns selbst.

Noch ein weiterer Aspekt scheint mir wichtig, um die innere Verbindung von Fasten und Beten aufzuzeigen. Es ist die Beziehung des Fastens zur Eucharistie, dem Höhepunkt christlicher Frömmigkeit. Früher war die enge Verknüpfung von Fasten und Eucharistie den Christen bewußter, weil sie vor Empfang der Kommunion nüchtern sein mußten. Diese Übung entsprang der Ehrfurcht vor der Eucharistie, hat aber vermutlich seine Wurzeln auch in der antiken Überzeugung, daß ein Zaubermittel besser wirkt, wenn es nüchtern eingenommen wird. Vielleicht wirken darin auch die Mysterienkulte nach, die von den Teilnehmern am Kult ein mehrtägiges Fasten verlangten. Doch auch ohne das Fasten vor der Kommunion besteht eine enge Beziehung zwischen Eucharistie und Fasten. Der Fastende verzichtet ja auf Essen und Trinken, auf seine oralen Bedürfnisse. In der Eucharistie feiern wir aber ein Essen und Trinken. Das, was der Fastende sich verbietet, wird hier gerade zum innigsten Akt der Gottesbeziehung. Die Gaben von Brot und Wein werden zu Leib und Blut Christi gewandelt und dem Menschen gereicht. Im Essen des Leibes Christi und im Trinken seines Blutes wird der Mensch nun eins mit Gott. Damit wird das Essen und Trinken geheiligt. Was ursprünglich ein Trieb war, um sich zu ernähren, und was oft genug zu einem zerstörerischen Trieb wurde, der alles in sich hineinschlingen will, das wird nun umgewandelt »in einen Akt geistiger Verschmelzung, in eine unio mystica von Gott und Mensch«[46]. Die Verwandlung unseres Essens und Trinkens in die höchste Form der Gottbegegnung in der Eucharistie zeigt, daß das Fasten im Grunde immer eine positive Funktion hat. Es will uns das Essen und Trinken nicht mißgönnen, sondern vergeistigen. Es will uns nicht mit schweren Bürden belasten, sondern frei machen von einem Trieb, der uns oft genug beherrscht, um uns zu zeigen, daß der eigentliche Sinn des Essens und Trinkens die Vereinigung mit Gott ist. Statt wie im Sündenfall aus Angst die Lücke des Nichts mit allem Möglichen zuzustopfen, um wie Gott zu werden, wird uns in der Eucharistie von Gott selbst die Speise gereicht, die uns zu Göttern macht. Die tiefste Sehnsucht, die der Mensch mit dem Akt der Nahrungsaufnahme verbindet, wird in der Eucharistie erfüllt. Wir bekommen im Essen und Trinken von Leib und Blut Christi Anteil an Gott, wir werden eins mit ihm. So ist die Eucharistie die eigentliche Überwindung des Sündenfalls, in dem der Mensch seine Sehnsucht aus Angst vorschnell selbst erfüllen wollte und damit nur immer tiefer in den Strudel der Angst geriet, die ihn von Gott wegführte. In der Eucharistie erfährt der Mensch, daß Gott selbst ihm seine Sehnsucht stillt und ihn damit von der Angst befreit, für immer das Nichts in seiner Existenz aushalten zu müssen.

5. Fasten als Weg zur Erleuchtung

Bei vielen Völkern wird das Fasten angewandt, um ekstatische Zustände, Träume und Visionen hervorzurufen. So sagen die Zulus: »Der fortwährend gefüllte Magen kann keine geheimen Dinge sehen.«[47] Auch die Griechen und Römer erhoffen sich vom Fasten visionäre Träume und Erkennen der göttlichen Geheimnisse. In diesem Sinn wird das Fasten in den Mysterienkulten praktiziert. In diesen Kulten gab es die Übung der incubatio. Man legt sich im Heiligtum der Gottheit nieder und schläft dort, um glückliche und heilbringende und erleuchtende Träume zu bekommen. Auf den Traumschlaf bereitet man sich durch Fasten vor. Der Pythagoreer Apollonios von Tyana meint,

daß die in den Träumen liegende weissagende Kraft die göttlichen Offenbarungen viel leichter auffasse, wenn sich der Mensch des Weines enthalten habe.[48]

So mußten vor allem die Propheten und Priester an den Orakelstätten fasten, um Gottes Weisung für die Menschen zu erfahren.[49] Der Prophet des Orakels von Klaros mußte z.B. 3 Tage lang fasten, bevor er das Orakel verkündete. Das Fasten sollte ihn für die göttlichen Weisungen empfänglich machen.

Die Neuplatoniker meinen, das Fasten mache den Menschen Gott ähnlich und führe ihn zum vertrauten Umgang mit Gott. Durch Fasten strebten sie danach,

die Seele von allen Fesseln des Sinnlichen frei zu machen, um dadurch eine Reinigung, Verähnlichung und Vereinigung mit dem Göttlichen zu erreichen.[50]

Ähnliche Anschauungen finden sich bei den Pythagoreern, in der Mantik und in der Gnosis. Auch die Kirchenväter sind von den zeitgenössischen Lehren beeinflußt und finden sie in der Bibel bestätigt. So führt Tertullian das Beispiel des Mose und Elija an, um zu zeigen, wie das Fasten den Menschen befähige, göttliche Geheimnisse zu schauen und vertrauten Umgang mit Gott zu haben. Tertullian sagt von Mose, daß er

über die Kräfte der menschlichen Natur hinaus 40 Tage und ebensoviele Nächte das Fasten fortsetzte, indem ihm der geistige Glaube die Kraft verlieh, der mit seinen Augen die Herrlichkeit Gottes sah, in seinen Ohren die Stimme Gottes hörte und in seinem Herzen das Gesetz Gottes überdachte.[51]

Und Tertullian meint, Christus habe sich auf dem Berg Tabor verdientermaßen Mose und Elija im Fleische gezeigt, weil sie Genossen seiner Fasten waren. Elija hatte ja auch 40 Tage und Nächte gefastet auf seinem Weg durch die Wüste zum Berg Horeb. Und dort hatte er dann im Säuseln des Windes Gott selbst erfahren (1 Kön 19,12f). Tertullian schreibt darüber:

Zu welchem freundschaftlichen Verkehr mit Gott wurde er da zugelassen! »Was tust du hier, Elias?« klingt dieser Ruf nicht viel freundlicher als: »Adam, wo bist du?« Dieser Ruf war dem Menschen, der gegessen hatte, eine Drohung, jener dem fastenden eine Schmeichelrede. So große Bevorzugung bewirkt der Abbruch an Speise und Trank, er macht den Menschen zu einem Hausgenossen Gottes, gesellt den Gleichen in Wahrheit dem Gleichen zu. Denn wenn der ewige Gott, wie er durch Isaias bezeugt, niemals hungert, dann wird die Zeit, wo der Mensch Gott gleich wird, die sein, wo er ohne Nahrung lebt.[52]

Als weiteres Beispiel dafür, daß das Fasten uns mit Gott vertraut macht, führt Tertullian den Propheten Daniel an. Um das Traumgesicht des Königs zu erkennen, fastet Daniel 3 Tage und erlangt dadurch die Gnade, die Bedeutung des Traumes zu erfahren. Ferner ist ihm aus dem NT die Witwe Anna ein Zeichen dafür, daß »niemand leichter Christus erkennen kann als die öfters Fastenden«. Das Fasten macht »der Erkenntnis verborgener Dinge teilhaftig«[53]. Für Tertullian und mit ihm für viele Kirchenväter und Mönche hat das Fasten also eine mystische Bedeutung. Es bringt uns in die Nähe Gottes, läßt uns Gott und seine Geheimnisse klarer schauen und ermöglicht uns eine dauernde Gemeinschaft und vertrauten Umgang mit Gott.

Daß das Fasten den Sinn für das Überirdische und für die Schau Gottes bereitet, hat Philoxenes von Mabbug in seinen Homilien dargelegt:
Trinke Wasser, um die Wissenschaft zu trinken! Nähre dich mit Gemüsen, um in den Mysterien weise zu werden! Iß mit Maß, um ohne Maß zu lieben. Faste, um zu sehen! ... Wer Gemüse ißt und Wasser trinkt, erntet Visionen und himmlische Offenbarungen, die Wissenschaft des Heiligen Geistes, die göttliche Weisheit und die Erklärung der verborgenen Dinge. Und was die menschliche Wissenschaft nicht erkennt, das erkennt die so lebende Seele.[54]
Man muß nur einmal darauf achten, welche Augen ein Fastender bekommt, dann spürt man, daß Philoxenes hier nicht übertreibt. Durch das Fasten werden die Sinne geschärft. Und das läßt sich am deutlichsten in den Augen ablesen. Sie werden wacher, leuchtender, lebendiger und scheinen mehr und intensiver zu sehen.

Das Fasten, das nicht nur den Leib, sondern auch die Seele von allem Bösen reinigt, so führt Philoxenes fort,
erbt das Königtum vor der Zeit, da er König sein wird. Und vor der Offenbarung der Herrlichkeit seiner Krone offenbart sich ihm seine Herrlichkeit von selbst. Und er selbst wird die Quelle seiner Wissenschaft. Denn es gibt den, der das Königtum eines Tages im Himmel verdienen wird, und es gibt den, der es bereits

jetzt in sich findet: »Siehe, das Reich Gottes ist in euch« (Lk 17,21).

Das Fasten öffnet uns also den Blick dafür, daß Gott in uns ist, und im Fasten haben wir bereits teil an der künftigen Wirklichkeit, am Reiche Gottes.

Von den Mönchen wird dieser Gedanke weiter entfaltet, wenn sie ihr Leben als vita angelica, als engelgleiches Leben beschreiben. Das Fasten ist ein Weg dazu, wie die Engel ständig in vertrautem Umgang mit Gott zu leben. So sagt Athanasius:

Das Fasten ist das Leben der Engel, das jene, die sich ihm hingeben, ins Reich der Engel versetzt.[55]

Das Fasten ist für die Mönche nicht etwas Negatives, es atmet nicht so sehr den Geruch ernster Askese, sondern vielmehr den der Freude. Es läßt uns teilhaben an den himmlischen Freuden. Es versetzt uns jetzt schon in das Paradies, wo wir mit den Engeln unmittelbaren Kontakt zu Gott haben. Dieser Gedanke wird in der Versuchungsgeschichte Jesu erkennbar, wenn es am Ende des Fastens und der Versuchungen heißt: »Darauf ließ der Teufel von ihm ab, und siehe, Engel traten hinzu und dienten ihm.« (Mt 4,11) Der Berg der Versuchung wird zum Berg des Paradieses.

Das Bild von der Rückkehr zum Paradies und von der vita angelica wird weiter ausgemalt durch die Vorstellung von der Vergeistigung des Leibes, die das Fasten bewirkt. So sagt Ambrosius, wir sollten wie Elija »die Natur des menschlichen Leibes durch die Kraft des unverderblichen Fastens verwandeln«[56]. Das Fasten vergeistigt unsern Leib, es entzieht ihn der Herrschaft des Bauches und macht ihn den irdischen Bedürfnissen gegenüber freier. Es verhilft uns zu dem geistigen Leib, von dem Paulus im Korintherbrief spricht (1 Kor 15,44), und läßt uns jetzt schon teilhaben an der Auferstehung Christi. Das Fasten führt die Mönche an die Schwelle des Himmels. Von diesen Vorstellungen her verliert das Fasten seinen oft herben Geschmack. Es schenkt geistliche Freude. Und so kann es auch nur in »der Freude des hl. Geistes« geübt werden, wie Benedikt in seiner Regel schreibt (Kap 49). Und Augustinus sagt, daß man zum Fasten durch die Freude des Geistes getrieben wird, »der die geistlichen Dinge liebgewonnen hat, deren Köstlichkeit ihm eine Art Widerwillen gegen die leiblichen Speisen eingibt.«[57] Im Fasten haftet der Mönch nicht mehr am Irdischen. Er löst sich von allen Begierden und vom rein materiellen Streben. Er bekommt immer mehr Geschmack an Gott. Er erfährt die Wahrheit von Jesu Worten, daß der Mensch nicht allein vom Brote lebt, sondern von jedem Wort, das aus dem Munde Gottes kommt. Von daher ist das Fasten für den Mönch ein Weg zu einem Leben, das ganz auf Gott ausgerichtet ist, zu einem beständigen Wandel in der Gegenwart Gottes und zu einem vertrauten Umgang mit Gott, zur Erfahrung, daß das Reich Gottes bereits in uns ist und daß wir hier und jetzt bereits teilhaben am neuem Leben der Auferstehung. Mit seinem Fasten bezeugt der Mönch dieses neue Leben der Auferstehung. Es bleibt keine fromme Illusion, mit der er sich selbst etwas vormacht, sondern es wird zu einer so wirkkräftigen Realität, daß sie in seinem Fasten leiblichen Ausdruck findet. Wer zu fasten beginnt, der erfährt zunächst die Gebrochenheit seiner Existenz, er spürt die Beschwerden, das Hungergefühl, vielleicht Kopfweh und Schwäche. Doch wer sich von diesen Erfahrungen nicht abschrecken läßt, kann mit der Zeit immer mehr die beglückende Seite des Fastens erleben, daß das Fasten ihn befreit von der Herrschaft der Begierden, daß es ihn geistiger und wacher macht und daß es ihn für die Wirklichkeit Gottes öffnet, für das neue Leben in ihm, das in der Auferstehung Christi jetzt schon für uns aufgebrochen und gegenwärtig ist.

Daß das Fasten uns »die Erkenntnis der Geheimnisse« ermöglicht, wie Tertullian sagt, das lehrt uns auch die Psychologie des Fastens. Der Fastenarzt Dr. Buchinger beschreibt die seelischen Wirkungen des Fastens so:

Jeder Fastende merkt, daß in seinem seelischen Gefüge, in den Abläufen der Funktionen seiner Psyche sich manches ändert. Die Aufnahmefähigkeit ist gesteigert. Die Phantasie ist lebendiger. Die Konzentration unverändert. Die Sinne sind schärfer. ... Eine Art Lösung und Lockerung verkrampften seelischen Gefüges ist erkennbar, eine Klärung der Lage und eine höhere Feinfühligkeit. ... Der wahre Kern kommt heraus; es ist ein Zusichselberkommen. Der innere Ruhepunkt, das Meta-Zentrum ... wird entdeckt, eben die innere Heimat.[58]

Buchinger verschweigt allerdings nicht die Gefahren des Fastens. Zu Beginn erlebt der Fastende einen Pendelschlag nach der depressiven Seite, dann aber einen deutlichen Ausschlag nach der manischen Seite. Das kann leicht zu

Überschätzungen, Waghalsigkeiten, Rücksichtslosigkeiten, Machtgelüsten und gelegentlich auch Übersensibilisierung bis zur Medialität

führen. Daher bedarf es beim Fasten der Seelenführung und auch für Buchinger gehört das Beten dazu, damit das Fasten nicht zur Übersteigerung des Selbstwertgefühls mißbraucht wird. Fasten heißt, gegen den Strich leben. Das kann nur gut gehen, wenn es aus reinen Motiven heraus geübt wird. Sonst schadet es nur. Die Mönche wissen, daß auch die Dämonen einen zum Fasten treiben können. Doch dann führt es unweigerlich ins Verderben: man wird blind für die Realität, für die Mitmenschen, blind für die eigenen Grenzen und endet in einer Selbstüberschätzung, die häufig als Wahnsinn beschrieben wird.

Von der Tiefenpsychologie her versteht C.G. Jung das Fasten als einen Zugang zum Unbewußten. Der Hunger treibt normalerweise das Kind zur Mutter. Das Fasten durchbricht diese Regression, das Zurück zur Mutter.

Der Anspruch aufs Ernährtwerden wird durch absichtliches Fasten .. ersetzt. Durch eine derartige Haltung wird die Libido gezwungen, auf ein Symbol oder ein symbolisches Äquivalent der alma mater auszuweichen, nämlich auf das kollektive Unbewußte. Einsamkeit und Fasten sind daher die seit alters bekannten Mittel, um jene Meditation, welche den Zugang zum Unbewußten eröffnen soll, zu unterstützen.[59]

Jung beschreibt in seinem Buch »Symbole der Wandlung«, wie der Mensch nur dadurch innerlich weiterkommt und reif wird, daß er seine Libido, seine psychische Energie, nicht in einer Regression nach rückwärts richtet, hin zur Mutter, sondern auf ein Symbol. Symbole wie Wiedergeburt, Mutter Kirche, Kreuz, sind für Jung Hilfen,

den Menschen aus seiner Bindung an die Familie zu befreien, welche nicht höherer Einsicht, sondern der Weichheit und Unbeherrschtheit des infantilen Gefühles entspricht.[60]

Im Fasten lenkt der Mensch seine Libido auf ein Symbol, auf das Unbewußte oder religiös ausgedrückt, auf Gott, und befreit sie dadurch aus der »Abhängigkeit und Unfreiheit, welche das Verhältnis zu den Eltern kennzeichneten«, aus dem unbewußten Zwang, unter dem ein infantil gebliebender Mensch steht, aus der »Unbeherrschtheit und dem Ausgeliefertsein an die Affekte«. Die harte Schule des Fastens und der Askese überhaupt, wie sie Christi Ruf in die Kreuzesnachfolge darstellt, hat nach Jung

im Laufe der Jahrhunderte zu einer Bewußtseinsentwicklung geführt, die ohne dieses Training schlechthin unmöglich gewesen wäre.[61]

Allerdings ist dieses Training nicht ohne Gefahren. Das Unbewußte, dem man sich im Fasten öffnet, kann einen überschwemmen. Man kann die Orientierung verlieren, im Unbewußten versinken oder aber in einer Art Inflation sich mit den unbewußten Inhalten identifizieren, Gott also für sich vereinnahmen. Es sind die gleichen Gefahren, die die Evangelien in der Versuchungsgeschichte Jesu schildern: die Gefahr, Gott und die göttlichen Kräfte für sich und seinen Ruf bei den Menschen zu mißbrauchen. Daher sollte man in Begleitung eines erfahrenen Menschen oder von vornherein in Gemeinschaft fasten, wie es die Kirche ja immer praktiziert hat.

Erleuchtung und Verblendung liegen eng zusammen. Das Fasten kann zu beidem führen. Die natürlichen Wirkungen des Fastens, wie etwa die Schärfung der Sinne, das Wacherwerden und die Sensibilisierung, darf man nicht mit der Erleuchtung verwechseln, von der Philoxenes spricht. Sie können helfen, zur Erleuchtung durch Gott zu gelangen. Sie können aber auch um ihrer selbst willen gesucht oder mit der Gottesschau identifiziert werden. Das Fasten wird uns nur dann zur wahren Erleuchtung kommen lassen, wenn es uns zugleich in die Ohnmacht führt. Das Fasten ist für die Mönche immer der Weg in die eigene Ohnmacht, nicht etwas, das man selbst vollbringen und mit dem man die beabsichtigten Wirkungen selbst hervorrufen kann. Das Fasten treibt uns in den Abgrund unserer Schwäche. Und in unserem Abgrund begegnen wir dem Abgrund Gottes. Der Abgrund unserer Ohnmacht schreit nach dem Abgrund Gottes: abyssus abyssum invocat (Ps 42,8).

6. Fasten heute

Wo wird heute gefastet? Kaum dort, wo wir es am ehesten erwarten würden, in den Klöstern. Dort werden einem viele Gründe aufgezählt, warum man heute nicht mehr so fasten könne, wie es etwa Benedikt in seiner Regel vorgesehen oder wie es Franziskus praktiziert hat. Man müsse heute mehr arbeiten als früher, man sei nicht mehr so gesund, außerdem sei vieles eben zeitbedingt[62]. Fastenerfahrungen haben dagegen viele junge Leute, Christen wie Nichtchristen. Sie fasten aus verschiedenen Motiven, sie fasten für den Frieden, für das Leben. Das Fasten ist Mittel und Zeichen ihres Engagements für ihre Ziele. Andere fasten, um sich zu beweisen, daß sie sich selbst beherrschen können. Andere fasten aus sozialen Gründen. Sie wollen die Idee des Miteinanderteilens am eigenen Leib erfahren. Sie verzichten auf Essen und Trinken, um andern zu helfen. Wiedere andere fasten, um ihr Beten und Meditieren zu intensivieren. Und dann gibt es viele, die der Gesundheit wegen fasten. Sie essen weniger, um schlank zu bleiben, oder sie machen Fastenkuren, um von Krankheiten befreit zu werden, gegen die die traditionelle Medizin fast machtlos ist.

So erfreulich es ist, daß das Fasten - von der Kirche schon fast aufgegeben - sich wieder solche

Geltung verschafft hat, so seien doch einige kritische Anmerkungen zur heutigen Fastenpraxis erlaubt. Denn wie jedes gute Mittel birgt auch das Fasten Gefahren in sich, wenn das rechte Maß verlorengeht. Die 1. Gefahr scheint mir eine gewisse Lebensverneinung zu sein. Man gönnt sich nichts mehr, weil irgendwo auf der Welt einer noch weniger zu essen hat. Man läuft ständig mit einem schlechten Gewissen herum, ob man nicht mit noch weniger auskommen könnte. Man verzichtet, um andern zu helfen. Doch oft genug gönnt man schließlich weder sich noch dem andern etwas. Man spart sich viel vom Munde ab, um einen armen Afrikaner zu unterstützen. Doch wenn der sich dann ein Bier genehmigt, ist man maßlos enttäuscht. Das Verzichten wird zu einer negativen Lebenseinstellung, die keinen Raum mehr für Feste und Feiern läßt, und die ständig auch die andern am eigenen Verzicht mißt und ihnen letztlich nichts gönnt.

Eine weitere Gefahr ist die Verneinung des Leibes. Fasten kann leicht zur Magersucht entarten. Dann wird es zu einer psychischen Krankheit, die sich nur schwer heilen läßt. Magersucht entspringt der Ablehnung der eigenen Leiblichkeit und Geschlechtlichkeit. Man lehnt seinen Leib ab, so wie Gott ihn geschaffen hat. Doch man merkt diese Auflehnung Gott gegenüber gar nicht, weil man sein Fasten ja gerade mit religiösen Gründen motiviert. So wendet man sich um Gottes willen gegen Gott. Es geht im gesunden Fasten nie um Ablehnung unserer Leiblichkeit, sondern um ein Annehmen unseres Leibes. Man darf nicht gegen seinen Leib wüten, sondern muß auch im Fasten gut mit sich und seinem Leib umgehen. Das Fasten soll Leib und Seele miteinander verbinden, damit sich beide nicht widerstreiten. Damit der Leib jedoch durchlässig werden kann für sein eigentliches Wesen, muß man sich in eine innere Freiheit ihm gegenüber hinein trainieren. Wer nur seinen vordergründigen Trieben folgt, tut sich und seinem Leib nichts Gutes. Es kommt darauf an, der tiefsten Sehnsucht in sich zu folgen, die etwas ahnt von der ursprünglichen Harmonie zwischen Leib und Seele.

Oft ist das Fasten mit Angst verbunden. Manche fasten aus Angst, sie könnten etwas Schädliches essen. Sie lesen immer neue Bücher über gesunde Ernährung. Sicher ist die Sorge um die richtige Ernährung berechtigt. Denn es gibt viele, die sich heute zu Tode essen, weil sie alles wahllos in sich hineinstopfen. In der Regel nehmen wir heute zu viel tierisches Eiweiß (vor allem durch zu großen Fleischverzehr) und isolierte Kohlehydrate (im Industriezucker und den Süßigkeiten) in uns auf. Die ungesunde Ernährung führt zu zahlreichen Zivilisationskrankheiten (Gicht, Rheuma, Herzinfarkt, Diabetes, Kreislaufkrankheiten usw.). Doch auf der andern Seite hilft es auch nicht, wenn wir ängstlich nur noch auf ganz reine und gesunde Nahrung bedacht sind und voller Angst auf mögliche Giftstoffe starren. Man kann diese heute weit verbreitete Angst vor schädlichen Stoffen in der Nahrung durchaus mit der Dämonenangst der Antike vergleichen. Man entdeckt dabei erstaunliche Parallelen. Für den antiken Menschen waren zahlreiche Speisen von Dämonen besetzt und daher zu meiden. Heute drückt man es wissenschaftlich aus. Sicher hat uns die Wissenschaft viele wertvolle Erkenntnisse über eine vernünftige gesunde Ernährung geschenkt, die unbedingt zu beachten sind. Doch bei der Vielfalt der wissenschaftlichen Theorien kommt es heute oft zu ähnlichen Folgen wie in der Antike: dort gab es kaum ein Nahrungsmittel, das nicht von irgendeiner Schule als dämonisch infiziert betrachtet wurde. Heute gibt es fast nichts, was nicht wissenschaftlich als gesundheitsschädigend erkannt wird. In beiden Fällen ist die Angst oft größer, als die Realität es nahelegt. Je ängstlicher ich auf die Nahrung sehe, desto schädlicher wird sie für mich. Denn die Dämonen fallen, wie die alten Mönche sagen, eher durch unsere Gedanken ein, also durch unser ängstliches Grübeln, als durch die Nahrungsmittel. Und mit je mehr Angst ich auf reine Nahrung bedacht bin, desto kränker werde ich. Die Kirche hat sich in ihrer Geschichte immer gegen eine allzu eindeutige Scheidung von reinen und unreinen Nahrungsmitteln gewandt. Sie hat eine gesunde Praxis geübt, aber nie eine Ideologie daraus gemacht. So war für die Mönche die vegetarische Kost die Regel. Aber den Kranken gegenüber haben sie auch Fleisch und Eier erlaubt. Sie haben ihren Vegetarismus nicht zu einer Ideologie hochstilisiert. Grundsätzlich hat die Kirche daran festgehalten, daß alle Speisen von Gott geschaffen und damit gut sind. Aber zugleich hat sie auch gewußt, welche Wirkungen bestimmte Speisen auf den Leib und den Geist des Menschen haben. Und dieses Wissen hat sich in ihrer Fastenpraxis niedergeschlagen. Aber sie hat sich immer geweigert, irgendwelche Speisen als unerlaubt und dämonisch anzusehen.

Richtig und gesund fastet nur, wer es ohne Angst tut. Wer nur aus Angst fastet, etwas Schädliches essen zu können, dem nützt es gar nichts, für den wird es zu einem Zwang. Und dem nützen auch die noch so sorgfältig ausgesuchten reinen und giftfreien Speisen nichts. In einem gesunden Körper sind immer genügend Abwehrstoffe gegen etwaige Gifte in den Nahrungsmitteln. Wer jedoch aus lauter Angst vor Giften nur Reines essen will, der wird durch seine Angst erst recht anfällig für die Gifte, die er trotz aller Sorgfalt in sich aufnimmt. Es kommt immer auf das gesunde Maß an. Wir sind es uns schuldig, bewußter mit dem Essen umzugehen. Doch wer zuviel Energie auf die Auswahl seiner Lebensmittel legt, bei dem hat sich das Gleichgewicht verschoben. Gesunde und fromme Gedanken würden viel eher zu seiner Gesundheit beitragen als das ängstliche Sorgen und Kreisen um sich selbst.

Übertreibungen und Mißverständnisse schleichen sich bei jeder Bewegung ein, so eben auch bei der Fastenbewegung. Doch das soll uns nicht davon abhalten, vernünftig und sinnvoll zu fasten. Wir wollen dabei die Erfahrungen der kirchlichen Tradition aufgreifen und nach Formen heutiger Verwirklichung fragen. Da wäre zunächst an die traditionelle 40-tägige Fastenzeit zu denken. Man sollte sie nicht dadurch verwässern, daß man in ihr nur Geld für gute Zwecke sammelt oder sich Verzichte im Fernsehkonsum auferlegt. Die Fastenzeit meint wirkliches Fasten, Fasten mit Leib und Seele. Dazu gehört natürlich die geistige Umkehr, aber eben eine Umkehr nicht bloß mit dem Kopf und mit dem Willen, sondern ebenso mit dem Leib. Die alte Kirche verzichtete in dieser Zeit ganz auf Fleisch- und Weingenuß. Das könnte uns auch heute gut tun. Eine längere Periode des Fleischverzichtes würde unseren Körper entschlacken. Und gerade das Frühjahr würde sich anbieten, das aufgebaute Fettdepot abzubauen. Wir werden es wohl kaum durchhalten, wie in der frühen Kirche 40 Tage lang erst nach 15.00 Uhr die erste Mahlzeit einzunehmen. Aber wir könnten zumindest die Freitage der Fastenzeit zu völligen Fasttagen machen. Wem das zuviel ist, der kann sich mit einem schlichten Frühstück begnügen oder etwas Obst essen. Jeder macht da andere Erfahrungen. Mancher kann leicht nur mit Tee oder Säften auskommen, ein anderer braucht morgens eine kleine Stärkung, sonst bekommt er Kopfweh. Jeder muß für sich ausprobieren, was ihm gut tut. Nur soll er sich dabei nicht zu schnell von dem allgemeinen Vorurteil leiten lassen, wenn er arbeiten müsse, müsse er auch richtig essen. Man kann auch gut und viel arbeiten, wenn man mal ein oder zwei Tage lang fastet.

Eine weitere Belebung sollte die Karwoche als Vorbereitung auf Ostern erfahren. Wer es sich leisten kann, der sollte die ganze Woche vollständig fasten. Doch dann wäre es gut, es in Gemeinschaft zu tun. Denn allein eine Woche lang in seiner gewohnten Umgebung zu fasten, fällt sehr schwer. Das gemeinsame Fasten sollte wie in der alten Kirche mit gemeinsamen Gebetszeiten verbunden sein. Man könnte sich jeden Tag zum Gebet treffen. So verliert das Fasten den Charakter einer Leistung, die man sich abringen will. Es ist auf das Gebet hingeordnet und öffnet die Gemeinschaft für Gott. Wem das Wochenfasten zuviel ist, der könnte es an den drei heiligen Tagen Gründonnerstag, Karfreitag und Karsamstag üben. Diese Tage sind von der Liturgie so erfüllt, daß es nicht zu schwer fällt, an ihnen zu fasten. Das Fasten würde die Mitfeier der Liturgie vertiefen und könnte helfen, sich ganz auf das Geheimnis unserer Erlösung in Kreuz und Auferstehung Christi einzulassen.

Wenn das Fasten an die von der Kirche empfohlenen Zeiten gebunden ist, dann entgehen wir der

Gefahr, nur rein äußerlich zu fasten, entweder aus gesundheitlichen Gründen oder aus dem Ehrgeiz, uns zu beweisen, daß wir es können. Wir kreisen dann nicht um das Fasten, sondern ordnen es von vornherein auf Gott hin. Es bereitet uns auf das Fest vor, an dem Gott an uns handeln und an dem uns seine Erlösung erfassen will. Und wir sind verbunden mit der Gemeinschaft der Glaubenden. Wir sind getragen von der Gemeinschaft, die sich gemeinsam dem Geist Gottes öffnen will. Dadurch verliert das Fasten seinen elitären Charakter.

Neben der traditionellen Fastenzeit vor Ostern wäre es auch sinnvoll, das Fasten wieder als Vorbereitung für andere wichtige Feste einzusetzen, vor Pfingsten, Weihnachten, einer Priesterweihe oder vor ähnlichen Festen. Vor allem aber wäre das gemeinsame Fasten ein gutes Mittel, sich auf bedeutende Feiern der Ortskirche vorzubereiten, z.B. auf das Jubiläum eines Ortsheiligen, auf einen Katholikentag oder einen Papstbesuch. Das Fasten würde die Gläubigen mehr für Gottes Geist öffnen als eine Fülle von bedrucktem Papier. Und es würde die Christen enger miteinander verbinden als der Empfang der gleichen Werbeprospekte. So wie die Anhänger der Friedensbewegung sich im gemeinsamen Fasten für den Frieden eins wissen, so könnte das Fasten in den großen Anliegen unserer Zeit zu einem Zeichen des Glaubens werden, daß wir als Christen immer noch eine Hoffnung für unsere Welt haben, daß wir an Gottes Lösungen glauben, die er für unsere Welt bereit hält, an seine Verheißungen, die uns allen gelten. Mit dem gemeinsamen Fasten könnten die Christen viele Gräben überbrücken, Gräben zwischen den Konfessionen, Gräben zwischen den streitenden politischen

Parteien. Im Fasten würde die Kirche nicht als Lehrmeisterin auftreten, die schon alles weiß, sondern sie würde sich als pilgernde Kirche mit allen Menschen guten Willens solidarisieren und gemeinsam mit ihnen nach dem suchen, was uns gut tut, was Gott von uns will.

Ein gemeinsames Fasten wäre auch ein Weg für eine klösterliche Gemeinschaft oder für eine Pfarrgemeinde, wenn Probleme auftauchen, die nicht mit etwas gutem Willen allein gelöst werden können, etwa Spannungen zwischen den Gruppen, verhärtete Fronten, die einfach nicht zu überbrücken sind. Ein Fasten der ganzen Gemeinschaft könnte da die Atmosphäre reinigen. Im Fasten bekennt die Gemeinschaft ihre Ohnmacht, ihre Probleme selbst zu lösen. Sie appelliert darin mit ihrem ganzen Sein an Gott, daß er die Grenzen mit seinem Geist aufbrechen möge. Ein Fasten wäre sicher oft ein ehrlicheres Flehen zu Gott als die blassen Fürbitten, die in unseren Gottesdiensten vorgetragen werden. Im Fasten zeigt man, daß es einem ernst ist mit seinen Bitten.

Neben den gemeinsamen Fasttagen wäre es auch gut, das Fasten wieder als Mittel der persönlichen Askese zu beleben. Dabei muß von vornherein die positive Grundhaltung beim Fasten betont werden. Fasten darf nicht als Selbstbestrafung verstanden werden. Und der Glaube darf keinen düsteren und lebensverneinenden Geschmack bekommen. Christus fordert uns auf, beim Fasten das Haupt zu salben. Wer mit einem sauren Gesicht fastet, dem frißt das Fasten seine Lebendigkeit weg, es macht ihn hart und lieblos. Die positive Grundstimmung beim Fasten ist notwendige Voraussetzung, daß es uns gut tut. Wir müssen liebevoll mit uns umgehen. Dann wird uns das Fasten auch für Gott öffnen, es wird uns wacher und bewußter in Gottes Gegenwart leben lassen und uns ehrlicher uns selbst gegenüber machen. Es wird uns befreien von den vielen Zwängen, denen wir unbewußt unterliegen, und von den vielen Hüllen, mit denen wir unseren eigentlichen Kern zugedeckt haben, von dem Schutt, unter dem wir oft gar nicht mehr frei atmen können.

Wenn man sich aus diesen Gründen zum Fasten entschließt, dann sieht man sich bald mit einigen Schwierigkeiten konfrontiert. Man macht sich Vorsätze und stößt dabei immer wieder an die eignen Grenzen. Man schafft es nicht, was man wollte, und ist enttäuscht über sich selbst. Die Frustration nagt an einem und zehrt die positive Wirkung völlig auf. Hier ist es wichtig, mit der richtigen Einstellung an das Fasten heranzugehen. Das Fasten darf nicht zu einem Tabu werden, das ich unter keinen Umständen brechen darf. Es ist vielmehr ein Training, mit dem ich mich in die Freiheit einübe. Bei diesem Training muß ich mich erst selbst testen, ich muß ab- und zugeben können. Ich muß es auf mich und meine Verfassung richtig abstimmen. Ich muß das für mich richtige Programm erst langsam herausfinden. Dabei darf ich mir nicht zu große Vorsätze machen, da ich dann um so mehr frustriert werde und mir Vorwürfe mache, daß ich ja doch nichts schaffe und im Grunde zu nichts tauge. Solche Selbstvorwürfe sind unfruchtbar. Ich muß das Fasten in einer geistigen Freiheit angehen. Ich teste mich, probiere aus, verschiebe langsam die Grenzen, ohne enttäuscht zu sein, wenn es nicht so geht, wie ich es mir vorgestellt habe. Ich darf nicht gegen mich wüten, sondern muß eben auch auf mich und meine Bedürfnisse hören. Was tut mir wirklich gut? Will ich im Fasten nur meinen Ehrgeiz befriedigen, will ich zeigen, daß ich es genauso kann wie der und jener oder ist mir das Ziel wichtiger? Ein Ziel ist ja immer auch die Erkenntnis der eigenen Grenze, mit der ich mich aussöhnen muß. Ich kann mich von meinen Abhängigkeiten nur langsam befreien, wenn ich sie zutiefst im Herzen angenommen und mich damit ausgesöhnt habe. Ändern kann man nur, was man angenommen hat. Ein großer Fehler bei vielen Vorsätzen ist, daß man ein Ziel erreichen will, ohne seinen Ausgangspunkt akzeptieren zu wollen. Man möchte nicht dort anfangen, wo man steht, sondern möchte möglichst rasch am Ziel ankommen.

Aber selbst wenn ich behutsam mit mir umgehe, was mache ich dann mit der Erfahrung des Versagens, was mache ich, wenn ich immer wieder auf die Nase falle? Das Versagen ist immer auch eine Chance, über mich selbst etwas mehr zu erfahren. Und vor allem kann es mich ein Stück gütiger gegenüber andern machen. Ich werde nicht mehr so hart über sie urteilen. Immer wenn ich spüre, daß ich die andern beobachte, wieviel sie essen, wenn ich versucht bin, sie innerlich abschätzig zu beurteilen, dann führt mich mein Fasten auf die falsche Spur. Und dann sollte ich dankbar sein, wenn ich auf die Nase falle, wenn ich spüre, daß ich meine Vorsätze eben doch nicht erfüllen kann, daß der Drang zu essen stärker ist. Es kommt nie auf den äußeren Erfolg an, sondern nur darum, ob das Fasten mich sensibler, gütiger und barmherziger macht. Ich darf mich nicht über meine elementaren Bedürfnisse hinwegsetzen, sondern soll im Fasten lernen, besser und gütiger damit umzugehen. Ich soll nicht unabhängig von Essen und Trinken werden, sondern mit mehr Ehrfurcht essen und trinken. Ich soll nicht in mich hineinschlingen, das Essen aber auch nicht als Zugeständnis an meine Natur gerade noch dulden, sondern ich soll fähig werden, es wirklich zu genießen, mich an den Gaben Gottes zu freuen. Das wird mit der Zeit zu einem bewußteren und langsameren Essen führen. Je bewußter ich esse, desto weniger bin ich in Gefahr, über das Maß hinaus zu essen, das mir gut tut. Irgendwie spürt jeder, wo bei ihm die Grenze ist. Das ist keine äußere Grenze, die er sich willkürlich setzt. Der Körper weiß es selbst, was ihm gut tut. Und es käme darauf an, mehr auf seinen Körper zu hören. Doch um auf meinen Leib hören zu können, muß um mich herum eine Atmosphäre des Schweigens sein. In dieser Atmosphäre entdecke ich dann meinen Leib als den wichtigsten Partner auf meinem geistlichen Weg. Wenn ich gut mit ihm umgehe, nicht weichlich und nicht hart, sondern gütig, dann wird er im Fasten immer mehr durchlässig, immer sensibler, dann werde ich selbst sensibler, wacher, feinfühliger gegenüber den Menschen und feinfühliger gegenüber Gottes Geist.

Ein weiteres Problem, das beim Fasten auftaucht, sind die Gedanken: Ärger, schlechte Laune, Reizbarkeit, Lustlosigkeit, Wünsche und Bedürfnisse. Wie gehe ich damit um? Zunächst darf ich sie nicht verdrängen. Unter der Oberfläche steigt eben empor, was in mir ist. Damit muß ich mich aussöhnen. Ich soll diese Gedanken darauf hin untersuchen, was sie über mich aussagen. Wer bin ich denn wirklich? Was sind meine tiefsten Wünsche und Sehnsüchte? Wo bin ich am tiefsten verletzt? Wo bin ich unerfüllt und unzufrieden? Was kann mich aus dem Gleichgewicht bringen? Wenn ich mit diesen Fragen den Gedanken und Stimmungen begegne, die während des Fastens in mir auftauchen, dann wird das Fasten zu einer guten Chance, mich selbst besser kennen zu lernen und mit mir ein Stück mehr in Einklang zu kommen. Ich werde mit mir nur dann eins, wenn ich alles annehme, was in mir ist. Das Fasten läßt mich vieles erkennen, was ich durch bloßes Nachdenken nicht sehen würde. Das Fasten lockert das seelische Gefüge. Es durchleuchtet mein Inneres und bringt auch all die Gedanken ans Tageslicht, die sonst hinter vielen Verstecken verborgen bleiben.

Doch auch hier gilt es, das rechte Maß zu halten. Man darf durch das Fasten nicht zu viel Wirbel in das Unbewußte bringen, man darf nicht alles aufstöbern wollen, sonst findet man sich in dem aufgewirbelten Staub gar nicht mehr zurecht. Vieles darf getrost unbewußt bleiben, sonst würde es uns nur durcheinanderbringen. Daher soll man ein intensives Fasten nur in Begleitung mit andern wagen, entweder unter der Führung eines erfahrenen Arztes oder Priesters oder in Gemeinschaft mit andern Fastenden. Die Gemeinschaft ist einerseits Hilfe, das Fasten nicht zu schnell aufzugeben. Auf der andern Seite trägt sie einen. Man fühlt sich zwar mit sich konfrontiert, aber nicht alleingelassen. Die Gemeinschaft ist auch ein gesundes Korrektiv, damit keiner das Fasten übertreibt und sich dadurch selbst schadet. Die Gemeinschaft ist vor allem bei einem mehrtägigen Fasten angebracht, da dann das Unbewußte so in Bewegung kommt, daß es von andern aufgefangen werden muß. Daher soll man ein mehrtägiges Vollfasten nicht während des normalen Arbeitsprozesses durchführen. Die Tradition der Kirche, die ein längeres Fasten immer nur als

Vorbereitung auf ein Fest kennt, weist uns hier einen guten Weg. Die letzten Tage vor Ostern etwa kann man sich viel leichter dem Arbeitsprozeß entziehen. Eine andere Möglichkeit wären Exerzitien, bei denen man sich für einige Tage zurückzieht. Exerzitien und Wüstentage erfahren durch das Fasten eine Vertiefung.

Wenn ich in der Fastenzeit oder an den Freitagen faste, spare ich die Zeit der Mahlzeiten ein. Die Frage ist, wie ich mit der geschenkten Zeit umgehe. Sicher ist es nicht im Sinne des Fastens, diese Zeit zu verschlafen. Für die Mönche war Fasten und Wachen eine Einheit. So sollte man die Zeit, die einem das Fasten zur Verfügung stellt, zum Beten oder Meditieren nutzen, anstatt sie mit Arbeit vollzustopfen. Es fällt mir viel leichter, die Mahlzeit ausfallen zu lassen, um ein Beichtgespräch zu führen, als diese Zeit, in der die andern essen, bewußt auszuhalten vor Gott, ohne zu lesen und ohne zu schreiben. Aber darum würde es gehen, sich mit leerem Magen vor Gott zu setzen und sich ihm hinzuhalten. Dann spüre ich das Fasten und vielleicht ahne ich dann, wie ich wirklich zu Gott stehe, ob ich wirklich bereit bin, mich ganz ihm hinzugeben und mich allein von ihm erfüllen zu lassen.

Bei manchen Menschen werde ich Aggressionen auslösen, wenn sie merken, daß ich faste. Für viele ist es eine Verunsicherung, sie werden mit ihrer Schattenseite konfrontiert und werden sie in mich hineinprojizieren. Doch ich darf ihre Aggressionen nicht billig abtun, als ob sie nur ihr Problem wären. Ich muß gut darauf achten, warum sie sich über mein Fasten ärgern. Vielleicht spüren sie, daß da ein Stück elitäres Bewußtsein dahintersteckt, daß ich mich über sie erhebe und sie innerlich abqualifiziere. Die Wirkung meines Fastens auf andere sagt immer auch etwas über mich und meine eigentliche Motivation aus. Wenn das Fasten eine Gemeinschaft in feindliche Lager spalten würde, wäre etwas verkehrt daran. Vielleicht hat Jesu Forderung, die andern sein Fasten nicht merken zu lassen, auch darin ihren Grund, daß das Fasten eben eine Schattenprojektion beim andern auslösen kann. Das Fasten soll uns gütiger und barmherziger machen. Daher soll es im Verborgenen geschehen, es soll für uns die Atmosphäre ändern und nicht zu einer Anklage gegen die andern werden. Wenn ich spüre, daß es bei den andern Angst hervorruft, soll ich mich fragen, ob es nicht besser ist, es zu lassen oder es nicht nach außen zu zeigen. Oft ist es auch sinnvoller, sich eine maßvolle Disziplin im Essen aufzuerlegen als in spektakulären Aktionen zu fasten. Die Alten sagen, man solle in seiner Askese nicht so laut sein, sonst würden es die Dämonen hören und unsere Askese zunichtemachen. Unsere Askese soll uns in Ordnung bringen, sie soll nicht als Askese sichtbar werden, sondern nur in ihrer positiven Wirkung. Wenn das Werk sichtbar ist, aber die Wirkung ausbleibt, dann bringe ich das Werk in Mißkredit und werde bei den andern viel Aggressionen gegen jede Askese auslösen.

SCHLUSS

Fasten ist nicht Selbstzweck. Bei der Wiederentdeckung dieser lange verschütteten Praxis hat
man es manchmal zu absolut gesetzt. Doch Fasten ist ein bewährtes Mittel geistlicher Askese,
das uns zusammen mit Gebet und Almosen in die
richtige Haltung Gott und den Menschen gegenüber bringen kann. Entscheidend für das richtige
Verständnis des Fastens ist es, daß es nicht iso-
liert gesehen wird, sondern in Verbindung vor allem mit dem Gebet. Fasten ist Beten mit Leib und
Seele. Fasten zeigt, daß unsere Frömmigkeit leibhaft werden, daß sie Fleisch annehmen muß, so
wie das Wort Gottes in Jesus Christus Fleisch angenommen hat. Das Beten wird Fleisch, es erfaßt
auch unsern Leib, wenn es sich im Fasten aus-
drückt. Dann ist unsere Gottesbeziehung nicht
mehr bloß im Kopf, dann sagen wir Gott nicht
mehr nur fromme Worte, sondern dann bekennen wir ihm mit unserem Leib, daß wir uns nach
ihm sehnen, daß wir ohne ihn leer sind, daß wir
angewiesen sind auf seine Gnade, daß wir von
seiner Liebe leben und daß unser Hunger letztlich nicht mit irdischen Speisen gesättigt werden
kann, sondern nur von Gott selbst, von jedem
Wort, das aus dem Munde Gottes kommt (Mt
4,4). So verwirklichen wir im Fasten unsere Existenz als Geschöpfe, die von Gottes Hand geschaffen erst in Gott wieder ihre Erfüllung finden, die nicht bei den Gaben stehen bleiben, sondern den Geber selbst anstreben als das Ziel ihrer
Sehnsucht. Mit Leib und Seele strecken wir uns
im Fasten nach Gott aus, mit Leib und Seele beten wir ihn an. Das Fasten ist der Schrei des Leibes nach Gott, ein Schrei aus der Tiefe, aus dem
Abgrund, in dem wir unserer tiefsten Ohnmacht

und Verletzlichkeit und Unerfülltheit begegnen, um uns ganz in den Abgrund Gottes fallen zu lassen.

Anmerkungen

[1] Vgl. P.R. Régamey (Hrsg), Wiederentdeckung des Fastens, Wien 1963, 119ff. Diesem Buch verdanken wir viele Anregungen und Hinweise.

[2] R. Arbesmann, Fasten, in: Reallexikon für Antike und Christentum, Bd VII, Stuttgart 1969, 498. Vgl. dort auch das Folgende.

[3] Didache 7,4; zit. in Régamey 37.

[4] Vgl. Régamey 39.

[5] Vgl. R. Arbesmann, Das Fasten bei den Griechen und Römern, Giessen 1929, 42f.

[6] Vgl. ebd 54 und Arbesmann, Fasten 457f.

[7] Arbesmann, Fasten 466.

[8] Joh. Chrysostomus, Homilien zur Genesis 10, zit. in: Texte der Kirchenväter, Bd 3, hrsg. v. A. Heilmann, München 1964, 281.

[9] Joh. Cassianus, Von der Einrichtung der Klöster, V, 5, übers. v. V. Thalhofer, München 1879, 100.

[10] Zit. bei Régamey 60.

[11] O. Buchinger, Das Heilfasten, Stuttgart [10]1960, Vgl. auch R. Dahlke, Bewußt fasten, München 1983.

[12] Ebd 31.

[13] W. Zabel, Das Fasten. Seine Technik und Indikation sowie Beiträge zu seiner Physiologie, Stuttgart 1950, 55.

[14] Basilius, 1. Homilie über das Fasten, zit. in: Texte der Kirchenväter 285f.

[15] Basilius, 2.Homilie über das Fasten, zit. in Régamey 93.

[16] Petrus Chrysologus, Sermo 8, zit. in Régamey 76.

[17] Zit. in Régamey 60.

[18] B. Miller (Hrsg), Weisung der Väter (= Weisung), Freiburg 1965, 116, Apo 318.

[19] Vgl. Joh. Cassianus, 24 Unterredungen mit den Vätern, übers. v. K. Kohlhund, Kempten 1879, Unt. V, 4, 411f; ders., Von den Einrichtungen V, 12, S. 106.

[20] Vgl. J.F. Gromer, Die deutsche Thomas Ausgabe, Bd 21, Heidelberg 1964, 572.

[21] Les sentences des pères du désert, nouveau recueil (= II), hrsg. v. L. Regnault, Solesmes 1977, Eth Coll 14,26.

[22] Vgl. dazu E. Drewermann, Der Krieg und das Christentum, Regensburg 1982, 313f.

[23] Weisung, Apo 921.

[24] Les sentences des pères du désert, troisieme recueil (= III), hrsg. v. L. Regnault, Solesmes 1976, 1741.

[25] Les sentences II, Eth Pat 322.

[26] Ebd. N 592/46.

[27] Ebd. N 566.

[28] Weisung, Apo 512.

[29] Les sentences III, IV 35.

[30] Augustinus, Über die christliche Lehre 1,24-25, zit. in: Texte der Kirchenväter 292f.

[31] Weisung, Apo 427.

[32] Les sentences III, 1741.

[33] Zit. in Régamey 40f.

[34] Vgl. ebd 34; ferner: E. Schweizer, Das Evangelium nach Markus, Göttingen 1968, 107.

[35] Les sentences II, N 598.

[36] H.J.M.Nouwen, Das geteilte Leid, Freiburg 1983, 25.

[37] Régamey 142; die folgenden Zahlen im Text beziehen sich alle auf den Artikel von C. Drevet, Die Fasten des Mahatma Gandhi, im Buch von Régamey 141-186.

[38] Zit. in einem von der Friedensbewegung hektographierten Manuskript; dort auch das Folgende.

[39] Bernhard v. Clairvaux, 4. Fastenpredigt 1, zit. bei Régamey 106.

[40] S. Kierkegaard, Die Tagebücher, übertr. v. Th. Haecker, München 1949, 80.

[41] E. Drewermann, Strukturen des Bösen. Die jahwistische Urgeschichte in exegetischer, psychoanalytischer und philosophischer Sicht. Teil III, Paderborn 1982, 544. Auf dieses Werk beziehen sich auch die beiden folgenden Zahlen im Text.

[42] Isaak v. Ninive, De Perfectione religiosa, zit. bei Régamey 95.

[43] Ebd. 31.

[44] Ebd. 23.

[45] Aphrahat, Homilien, zit. in Régamey 86.

[46] Drewermann, Der Krieg 316.

[47] Arbesmann, Das Fasten bei den Griechen 97.

[48] Ebd. 99.

49 Vgl. Arbesmann, Fasten 462.
50 Ebd. 467.
51 Tertullian, Über das Fasten, übers. v. H. Kellner, München 1915, 531.
52 Ebd. 532.
53 Ebd. 535 und 537.
54 Philoxenes, Homilien, zit. bei Régamey 57f. Dort auch das folgende Zitat.
55 Athanasius, De virginitate, zit. bei Régamey 71.
56 Ambrosius, De Helia et Jejunio, zit bei Régamey 71.
57 Augustinus, De consensu Evangelii, 2. Buch, Kap 27, zit. bei Régamey 71.
58 Buchinger, Heilfasten 29. Dort auch das folgende Zitat.
59 C.G. Jung, Ges. Werke (= Symbole der Wandlung), 5. Bd., Olten 1973, 427f.
60 Ebd. 524f.
61 Ebd. 549.
62 A. de Vogüé, »Aimer le jeûne«. Une observance possible et nécessaire aujourd'hui: Collectanea cisterciensia 45 (1983) 27ff.

MÜNSTERSCHWARZACHER KLEINSCHRIFTEN
Schriften zum geistlichen Leben
ISSN 0171-6360
herausgegeben von Mönchen der Abtei Münsterschwarzach

Weitere Veröffentlichungen in dieser Reihe folgen.

VIER-TÜRME-VERLAG

D-8711 Münsterschwarzach Abtei (09324) 20-292